"十四五"时期
国家重点出版物
出版专项规划项目

新时代公园城市建设探索与实践系列丛书

# 公园城市

## 导向下的绿色空间竖向拓展

韩丽莉
王香春

主编

中国城市出版社

# 新时代公园城市建设探索与实践系列丛书编委会

吴　杰　吴　剑　吴克军　吴锦华　言　华

张清彦　陈　艳　林志斌　欧阳底梅　周建华

赵御龙　饶　毅　袁　琳　袁旸洋　徐　剑

郭建梅　梁健超　董　彬　蒋凌燕　韩　笑

傅　晗　强　健　瞿　志

组织编写单位：中国城市建设研究院有限公司

中国风景园林学会

中国公园协会

# 本书编委会

主　　编：韩丽莉　王香春
副 主 编：吴锦华　王月宾
参编人员（按姓名拼音顺序）：

曹晓蕾　陈　欢　褚玉红　杜伟宁　冯　丽
傅小霞　郭　佳　李　坚　李　莉　李向茂
李延明　李泽卿　马丽亚　马路遥　彭文科
戚智勇　任斌斌　阮　琳　单　进　盛露鸣
石继渝　王　珂　王　茜　王仕豪　王延洋
王艳春　王　瑛　吴令仪　向圆媛　谢军飞
邢天怿　徐佳裔　杨　柳　杨振华　殷思江
余铭杰　俞　相

参编单位：

北京市园林绿化科学研究院
中国城市建设研究院有限公司
南京万荣园林实业有限公司
中国中建设计研究院有限公司
上海市绿化委员会办公室
上海市绿化管理指导站

北京市东城区园林绿化局

广州市林业和园林科学研究院

重庆市城市管理局（原重庆市园林局）

湖南尚佳绿色环境有限公司

北京屋顶绿化协会

# 丛书序

　　2018年2月，习近平总书记视察天府新区时强调"要突出公园城市特点，把生态价值考虑进去"；2020年1月，习近平总书记主持召开中央财经委员会第六次会议，对推动成渝地区双城经济圈建设作出重大战略部署，明确提出"建设践行新发展理念的公园城市"；2022年1月，国务院批复同意成都建设践行新发展理念的公园城市示范区；2022年3月，国家发展和改革委员会、自然资源部、住房和城乡建设部发布《成都建设践行新发展理念的公园城市示范区总体方案》。

　　"公园城市"实际上是一个广义的城市空间新概念，是缩小了的山水自然与城市、人的有机融合与和谐共生，它包含了多个一级学科的知识和多空间尺度多专业领域的规划建设与治理经验。涉及的学科包括城乡规划、建筑学、园林学、生态学、农业学、经济学、社会学、心理学等，这些学科的知识交织汇聚在城市公园之内，交汇在城市与公园的互相融合渗透的生命共同体内。"公园城市"的内涵是什么？可概括为人居、低碳、人文。从本质而言，公园城市是城市发展的终极目标，整个城市就是一个大公园。因此，公园城市的内涵也就是园林的内涵。"公园城市"理念是中华民族为世界提供的城市发展中国范式，这其中包含了"师法自然、天人合一"的中国园林哲学思想。对市民群众而言园林是"看得见山，望得见水，记得起乡愁"的一种空间载体，只有这么去理解园林、去理解公园城市，才能规划设计建设好"公园城市"。

　　有古籍记载说"园莫大于天地"，就是说园林是天地的缩小版；"画莫好于造物"，画家的绘画技能再好，也只是拷贝了自然和山水之美，只有敬畏自然，才能与自然和谐相处。"公园城市"就是要用中国人的智慧处理好人类与大自然、人与城市以及蓝（水体）绿（公园等绿色空间）灰（建筑、道路、桥梁等硬质设施）之间的关系，最终实现"人（人类）、城（城市）、园（大自然）"三元互动平衡、"蓝绿灰"阴阳互补、刚柔并济、和谐共生，实现山、水、林、田、湖、草、沙、居生命共同体世世代代、永续发展。

"公园城市"理念提出之后，各地积极响应，成都、咸宁等城市先行开展公园城市建设实践探索，四川、湖北、广西、上海、深圳、青岛等诸多省、区、市将公园城市建设纳入"十四五"战略规划统筹考虑，并开展公园城市总体规划、公园体系专项规划、"十五分钟"生活服务圈等顶层设计和试点建设部署。不少专家学者、科研院所以及学术团体都积极开展公园城市理论、标准、技术等方面的探索研究，可谓百花齐放、百家争鸣。

"新时代公园城市建设探索与实践系列丛书"以理论研究与实践案例相结合的形式阐述公园城市建设的理念逻辑、基本原则、主要内容以及实施路径，以理论为基础，以标准为行动指引，以各相关领域专业技术研发与实践应用为落地支撑，以典型案例剖析为示范展示，形成了"理论＋标准＋技术＋实践"的完整体系，可引导公园城市的规划者、建设者、管理者贯彻落实生态文明理念，切实践行以人为本、绿色发展、绿色生活，量力而行、久久为功，切实打造"人、城、园（大自然）"和谐共生的美好家园。

人民城市人民建，人民城市为人民。愿我们每个人都能理解、践行公园城市理念，积极参与公园城市规划、建设、治理方方面面，共同努力建设人与自然和谐共生的美丽城市。

国际欧亚科学院院士
住房和城乡建设部原副部长

# 丛书前言

习近平总书记2018年在视察成都天府新区时提出"公园城市"理念。为深入贯彻国家生态文明发展战略和新发展理念，落实习近平总书记公园城市理念，成都市率先示范，湖北咸宁、江苏扬州等城市都在积极实践，湖北、广西、上海、深圳、青岛等省、区、市都在积极探索，并将公园城市建设作为推动城市高质量发展的重要抓手。"公园城市"作为新事物和行业热点，虽然与"生态园林城市""绿色城市"等有共同之处，但又存在本质不同。如何正确把握习近平总书记所提"公园城市"理念的核心内涵、公园城市的本质特征，如何细化和分解公园城市建设的重点内容，如何因地制宜地规范有序推进公园城市建设等，是各地城市推动公园城市建设首先关心、也是特别关注的。为此，中国城市建设研究院有限公司作为"城乡生态文明建设综合服务商"，由其城乡生态文明研究院王香春院长牵头的团队率先联合北京林业大学、中国城市规划设计研究院、四川省城乡建设研究院、成都市公园城市建设发展研究院、咸宁市国土空间规划研究院等单位，开展了习近平生态文明思想及其发展演变、公园城市指标体系的国际经验与趋势、国内城市公园城市建设实践探索、公园城市建设实施路径等系列专题研究，并编制发布了全国首部公园城市相关地方标准《公园城市建设指南》DB42/T 1520—2019和首部团体标准《公园城市评价标准》T/CHSLA 50008—2021，创造提出了"人－城－园"三元互动平衡理论，明确了公园城市的四大突出特征：美丽的公园形态与空间格局；"公"字当先，公共资源、公共服务、公共福利全民均衡共享；人与自然、社会和谐共生共荣；以居民满足感和幸福感提升为使命方向，着力提供安全舒适、健康便利的绿色公共服务。

在此基础上，中国城市建设研究院有限公司联合中国风景园林学会、中国公园协会共同组织、率先发起"新时代公园城市建设探索与实践系列丛书"（以下简称"丛书"）的编写工作，并邀请住房和城乡建设部科技与产业化发展中心（住房和城乡建设部住宅产业化促进中心）、中国城市规划设计研究院、中国城市出版社、北京市公园管理中心、上海市公园管理中心、东南大学、成都市公园城市建设发展研究院、北京市园林绿化科学研究院等多家单位以及权威专家组成丛书编写工作组共同编写。

这套丛书以生态文明思想为指导，践行习近平总书记"公园城市"理念，响应国家战略，瞄准人民需求，强化专业协同，以指导各地公园城市建设实践干什么、怎么干、如何干得好为编制初衷，力争"既能让市长、县长、局长看得懂，也能让队长、班长、组长知道怎么干"，着力突出可读性、实用性和前瞻指引性，重点回答了公园城市"是什么"、要建成公园城市需要"做什么"和"怎么做"等问题。目前本丛书已入选国家新闻出版署"十四五"时期国家重点出版物出版专项规划项目。

丛书编写作为央企领衔、国家级风景园林行业学协会通力协作的自发性公益行为，得到了相关主管部门、各级风景园林行业学协会及其成员单位、各地公园城市建设相关领域专家学者的大力支持与积极参与，汇聚了各地先行先试取得的成功实践经验、专家们多年实践积累的经验和全球视野的学习分享，为国内的城市建设管理者们提供了公园城市建设智库，以期让城市决策者、城市规划建设者、城市开发运营商等能够从中得到可借鉴、能落地的经验，推动和呼吁政府、社会、企业和老百姓对公园城市理念的认可和建设的参与，切实指导各地因地制宜、循序渐进开展公园城市建设实践，满足人民对美好生活和优美生态环境日益增长的需求。

丛书首批发布共 14 本，历时 3 年精心编写完成，以理论为基础，以标准为纲领，以各领域相关专业技术研究为支撑，以实践案例为鲜活说明。围绕生态环境优美、人居环境美好、城市绿色发展等公园城市重点建设目标与内容，以通俗、生动、形象的语言介绍公园城市建设的实施路径与优秀经验，具有典型性、示范性和实践操作指引性。丛书已完成的分册包括《公园城市理论研究》《公园城市建设标准研究》《公园城市建设中的公园体系规划与建设》《公园城市建设中的公园文化演替》《公园城市建设中的公园品质提升》《公园城市建设中的公园精细化管理》《公园城市导向下的绿色空间竖向拓展》《公园城市导向下的绿道规划与建设》《公园城市导向下的海绵城市规划设计与实践》《公园城市指引的多要素协同城市生态修复》《公园城市导向下的采煤沉陷区生态修复》《公园城市导向下的城市采石宕口生态修复》《公园城市建设中的动物多样性保护与恢复提升》和《公园城市建设实践探索——以成都市为例》。

丛书将秉承开放性原则，随着公园城市探索与各地建设实践的不断深入，将围绕社会和谐共治、城市绿色发展、城市特色鲜明、城市安全韧性等公园城市建设内容不断丰富其内容，因此诚挚欢迎更多的专家学者、实践探索者加入到丛书编写行列中来，众智众力助推各地打造"人、城、园"和谐共融、天蓝地绿水清的美丽家园，实现高质量发展。

# 前　言

　　2018 年 2 月 11 日，习近平总书记赴四川视察，在天府新区调研时首次提出了"公园城市"的全新理念和城市发展新范式。公园城市是和城市公园相对应的概念，公园城市是覆盖全城市的大系统，城市是从公园中长出来的一组一组的建筑，形成系统式的绿地，而不是孤岛式的公园。公园城市≠公园+城市，不能单纯看公园数量，更不是大建公园。城市公园要均衡使用、各有特色，公园城市则应将系统性、生态价值和服务品质纳入评价体系；城市公园是城市中的一个个绿色孤岛是从公园中长出来的一组组的建筑。公园城市作为全面体现新发展理念的城市发展高级形态，坚持以人民为中心、以生态文明为引领，是将公园形态与城市空间有机融合，生产生活生态空间相宜、自然经济社会人文相融合的复合系统，是人、城、境、业高度和谐统一的现代化城市，是新时代可持续发展城市建设的新模式。其本质内涵可概括为"一公三生"，即公共底板上的生态、生活和生产，是公园形态与城市空间的融合发展，也深刻体现了"公、园、城、市"四字要义的总和，"公"代表公平共享，"园"代表生态多样，"城"代表大美城景，"市"代表绿色高质量发展。因此，进一步理解公园城市的内涵，是自然、城市与人三者关系的深度融合，空间上体现为园在城中、城在园中，城园渗透交互成为一个有机的整体。"一公三生"同时也是"公""园""城""市"四字所代表的意思的总和，公园城市的核心价值是"公"，必须以生态要素为基底，以绿色空间绿色基础设施为载体，营造人居美好空间环境、提升居民获得感。

　　城市园林绿化作为城市基础设施建设的重要组成部分，是唯一可呼吸的、有生命力的城市基础设施，城市园林绿化既提供了景观、休闲娱乐和城市开敞空间，其所构建的园林植物也是碳汇贡献的重要组成部分，又可发挥碳补偿的作用，从而有助于实现整个城市的"双碳"目标。而通过绿色空间竖向拓展所构建的绿化（常称为立体绿化），作为城市环境中一种特殊的绿化形式，可将平均占据城市用地约30%的建筑物的水泥下垫面还原为植被下垫面，不仅提高了建筑物的舒适度和绿地率，还能发挥植物固碳、减弱城市热岛效应、缓解城市雨洪压力等生态作用。目前，以绿色建筑的推进为契机，在以公园城市建设、海绵城市建设、生态园林城市建设，以及城市更新和城市生态修复为目标的建设引领下，我国成都、重庆、北京、上海、深圳、广州、杭州、西安等大中城市立体绿化形式及其规模迅速扩大，随着立体绿化面积的增长，对于公园城市建设的空间拓展、发挥绿地的综合效益和健康功能，以及通过立体绿化建设过程中形成的植物固碳功能在城市碳中和过程中所做的贡献，都不应被忽视。

自"公园城市"提出以来，我国成都等大中城市不断探索实践，城市绿道、街头公园、口袋公园等绿化建设得到了加强，在北京、上海、南京、广州等"寸土寸金"的城市可供绿化的土地面积十分有限，以多种途径推动立体增绿并发展竖向空间绿化受到了广泛重视，居家环境绿化及营造美丽花园城市也是政府的工作重点之一。阳台园艺作为都市生活的一种陶冶情操的方式和绿化形式，既是人们在城市回归田园生活的重要方式，也是目前我国大力推广的"见缝插绿"的一部分。本书基于公园城市导向下的相关理论研究，结合以往实践和相关经验，对我国绿色空间竖向拓展即立体绿化这一领域进行挖掘和梳理，全书共分四章，包含绿色空间竖向拓展综述、相关技术、案例实践以及发展建议及展望，其具体内容涉及相关概念、国内外发展状况、与绿色建筑间的关系、国内外相关政策、绿色空间竖向拓展类型、相关设计、施工工艺、养护技术、具体项目剖析以及对未来的发展提出的建议等，既可为政府相关政策的制定和决策提供依据，又可为广大从业者作为技术指导参考应用，旨在为进一步实现绿色空间竖向拓展的健康有序发展提供相关理论知识和实践经验，为本领域做出贡献。

# 目 录

# 第 3 章　绿色空间竖向拓展实践篇

# 第4章 绿色空间竖向拓展发展建议与展望

# 第 1 章

# 绿色空间竖向拓展综述

# 1.1 绿色空间竖向拓展概述

## 1.1.1 绿色空间拓展——立体绿化的概念

城市化的发展在给人类生活带来便利的同时，也给人类赖以生存的城市环境造成了巨大的压力。随着城市发展，市民生活方式在不断地变化，市民休闲要求也在日益提高，各类公共基础设施、居住区及其他服务设施的建设用地需求与城市土地资源日趋紧张的矛盾日益突出，营建城市绿地的空间越来越少。特别是在人口密度高、地价昂贵的地区，打破传统地面绿化方式，采取建筑屋顶绿化，建筑墙体、道路护栏、立交桥垂直绿化等多元空间绿化的方式，对可利用的城市空间实施立体绿化，不仅可以美化城市景观、降低建筑能耗、延长结构寿命、缓解热岛效应、改善空气质量、减少雨洪压力，而且在一定程度上可以缓解绿化用地资源的压力，并已成为城市绿化的一种重要补充形式。因此，进一步推进城市立体绿化发展，对建设宜居、生态、绿色城市具有显著的推动作用。

立体绿化国际上的通俗定义是指一切脱离了地气的种植技术，它不单单是涵盖屋顶种植，还包括露台、天台、阳台、地下室顶板、立交桥等一切不与地面、自然、土壤相连接的各类建筑物和构筑物的特殊空间的绿化。它是人们根据建筑屋顶结构特点、荷载和屋顶上的生态环境条件，选择生长习性与之相适应的植物材料，通过一定技艺，在建筑物顶部及一切特殊空间建造绿色景观的一种形式。

近几年来，立体绿化成为园林绿化发展的新热点，是城市增绿的重要举措，是美化城市、净化空气、改善环境、治理污染、保护人类健康的有效措施。尽管立体绿化在世界各国发展迅速，取得了较大的成果，但是人们对立体绿化还是缺乏统一的认识，它是在规划建绿，提高城市绿地总量和质量的前提下，开拓城市绿化领域的一种新形式，同时也是改善环境、维持生态平衡、美化生活的好方法，具有占地小、绿化面积大、见效快的优点。立体绿化广义上包括：建筑屋顶、垂直表面、檐口、女儿墙内侧、阳台、窗口，城市立交桥体、道路红线围栏、城市快速干道、主干道隔离带和坎墙、道路交叉路口及两侧街景、单位围栏、城市河道、高速路两侧护坡等处绿化。作为城市生态环境建设的重要载体，是国际上公认的改善城市生态环境、缓解城市热导效应的有效措施之一，并且在改善空气质量、蓄滞雨水、增加碳汇、增加生物多样性、补充绿量等方面作用显著。其中主要形式屋顶绿化是海绵城市建设中重要的低影响开发措施之一，绿色空间竖向拓展，即立体绿化建设已成为政府解决城市中心环境问题，推进可持续发展的工作重点，是城市绿色建筑和建筑节能必然选择。

综合相关研究提出的观点，本书对立体绿化的概念定义为：充分结合城市立地条件或借助于技术设施，利用攀缘植物或其他类型的植物，依附于各种建筑物、构筑物及其他空间结构外界面的绿化形式。立体绿化主要包括屋顶绿化、垂直绿化、窗台、阳台、露台绿化，以及建筑附属构筑物的立体绿化，是城市特殊空间的绿化形式，它可以大幅度地增加城市的绿化面积，有效地改善城市的生态环境和居民的生活质量。

## 1.1.2　立体绿化特点、功能和作用

### 1.1.2.1　立体绿化的特点

相对于其他传统类型的园林绿化，立体绿化具有以下几个方面的特点：

（1）占用土地资源少，节约用地，绿化面积大

由于立体绿化是往竖向空间方向发展的，其占地面积较少、绿化面积较大，能产生良好的生态效益。

（2）植物种类多，观赏效果好

我国植物种类丰富，大部分地区可以用来作为立体绿化的植物资源极为丰富，包括：一、二年生的草本植物、多年生宿根植物、攀缘植物及其他类型的植物。这些植物类型通常具有丰富多变的植物形态和植物色彩，具有很好的观赏价值。

（3）柔化建筑外形，弱化立面的不足

立体绿化能使植物的形态和色彩与建筑融为一体，弱化建筑的生硬造型；同时绿体绿化能一定程度上弱化建筑立面的不足之处，使呆板的建筑变得生动活泼，充满生命力。

**（4）具有较高的生态效益**

立体绿化的植物通过绿叶遮蔽和叶面蒸腾以及枝叶与物体间隔的空气层，能达到隔热保温、增湿、庇荫纳凉等效果。如在夏季有爬藤植物覆盖的墙面比没有被覆盖的墙面温度低 3~5℃；经过绿化的屋顶，与未绿化屋顶相比，其全年温差可降低一半以上。

## 1.1.2.2　立体绿化的功能和作用

立体绿化是将植物元素引入建筑环境之中，既能发挥植物在生态方面的作用，提高建筑区的绿量，满足人们对自然、绿色的需求；也能优化建筑环境，提高人类生活空间的质量。植物选择、绿化位置的不同以及绿化规模的差异，使每一个建筑立面绿化的实例都具有自己的特殊性。建筑立面绿化所能够发挥的巨大功效是毋庸置疑的。

**（1）对城市的作用**

**1）缓解城市热岛效应**

城市工业、交通、日常生活释放出大量的热能；高度密集的建筑群导致通风不畅，增加了热量挥发的难度；水泥、沥青、砖石等材料吸收储存太阳辐射的热量等原因，导致城市温度逐渐升高。植物可以通过反射、吸收、穿透等作用减少太阳辐射，降低环境温度；叶片的蒸腾作用可以为大气提供大量的水蒸气，增加空气湿度，降低空气温度。此外植物还可以控制和改变风速和风向，形成局部微风，从而加快空气的冷却过程。

**2）改善空气质量**

城市各种工业的发展使得城市中各种有毒有害气体的含量逐渐增加，如二氧化碳、二氧化硫等。植物是大气的天然过滤器，靠其自身的光合作用、蒸腾作用以及对有害气体的吸收等方式可以达到调节、稀释、净化空气的目的。

此外，由于植物具有降低风速的作用，可使空气中飘浮的较大颗粒落下，较小颗粒被吸附在植物叶片上，提高空气质量。

**3）改善城市景观**

植物的应用可以打破呆板单调的建筑立面，增加建筑的生机与活力，提升建筑的视觉吸引力。随着植物的生长和季节的变换，可创造不同的建筑立面景观，赋予建筑以动态之美。植物还可以对一些相对不雅的建筑部位进行有效的遮挡，选择本土化植物或具有文化寓意的植物种类可以增强建筑的地域性、赋予建筑文化内涵。

（2）对建筑环境的作用

1）减少能量消耗

研究表明，全球的能量消耗中，45% 用于满足建筑的取暖、制冷和采光，通过建筑设计减少能量消耗对整个生态系统的稳定有重要作用，植物可以通过调节环境温度减少空调以及供暖的耗能。生长良好的植物尤其是大面积的绿色墙面在夏季可以有效地反射阳光、遮挡阳光，降低墙面对热量的吸收；繁茂的叶片与墙面之间形成空气间层，增强了外墙的隔热性能，起到明显的降温效果；冬季落叶后，附着在墙面的枝茎形成一层保温层，能起到良好的保温效果。

2）保护建筑结构

建筑直接暴露于环境之中，为了保证结构的坚固、安全，需要对温度、湿度、光线、风力等具有一定的抵抗能力。建筑表皮外覆盖的绿色植物可以使建筑立面材料免受紫外线的辐射，缓解气温的冷热变化对结构的损伤，减弱风力降低门窗等洞口部位的风压，较大面积的绿化还可以在发生火灾时防止火势的蔓延。

3）降低噪声

城市的空间环境中充满各种噪声，噪声超过 70dB 时，对人体就会产生不利影响。植物具有吸收音量、改变声音的传播方向、干扰音波等功能，立体绿化中植物的采用，尤其是大面积的墙面绿化犹如在建筑外附加了一层屏障，能够对城市噪声起到很好地削减和隔离作用，降低环境噪声污染。

4）提升建筑品质

由于人的自然属性，人们对绿色植物有与生俱来的追求与渴望。植物融入建筑立体绿化中，可使人与植物"零距离接触"，同时提升了建筑的品质。植物具有生长的特性，并随四季的更替而处于不断的变化之中，丰富了建筑形态，赋予建筑以灵动感；植物种类繁多，体态、色彩、质感等各不相同，增加了建筑立面造型元素的丰富性；植物能够提供视觉、嗅觉、听觉等多重体验，赋予建筑使用者多样的感受和体验；建筑阳台部位通过增加绿色植物，可以创造凉爽宜人的休息空间。

对于以经营为目的的建筑如博物馆、文化中心、商业建筑而言，建筑立体绿化不但可以改善生态环境、丰富建筑形态，还可以通过绿色植物精心的选择、形式的特别设计，营造别致的景观。在到处充斥着钢筋混凝土冰冷建筑的社区，植物可以凸显建筑的个性，提升建筑的知名度，聚集人们前往，从而提高建筑所有者的经济效益。

（3）特殊作用

1）艺术形式创造

将植物引入建筑环境中的初衷是缓解城市环境的压力，增加城市绿化率，在发挥生态效益的同时，绿色植物也提升了建筑品质，美化了建筑外观。然而植物所能发挥的功效绝不仅局限于此，植物在立面中的角色也绝不仅是一个附加物，它可以成为立面设计的一个主要元素，在构成立面的过程中发挥主导作用。在巧妙的设计构思下，植物在建筑形式的创造上具有极大的潜力。

2）提高城市生物多样性

在城市化的进程中，建筑逐渐吞噬着原本是动植物生活的场所。绿化面积大量减少，生态环境日益恶化，各种动物的生存面临着巨大的威胁。立体绿化提供了大量的绿化载体，如果能够充分利用建筑立面，对城市进行系统、连续、合理的绿化，可以为动物和昆虫创造一个生态踏脚石，以此来丰富生物物种的多样性。

3）发展都市农业

城市农业作为一种具有超前性的农业形态，满足了城市消费者的需求，使宝贵的土地资源得到更加有效的利用，其良好的发展前景已经引起各国政界、学界的关注。将建筑立体绿化中的景天属植物和非食用性的植物用各种农作物替代，可以有效地发展"城市农业"。

## 1.1.3 立体绿化现状

### 1.1.3.1 国外立体绿化研究概况

城市立体绿化对生态环境的作用，在国外早已广为人知。但从城市发展理念的角度来看，国内外的发展还存在较大的差距。无论是在城市总体绿化规划方面，还是在建筑单体应用方面，立体绿化在国外的研究和应用发展更快。他们把绿化从开始就纳入规划中去，甚至把立体绿化作为一个专项纳入规划中。日本及欧美国家近年来相继推行了"生物墙""绿屋工程""高速公路生态隔离墙"项目，不仅弥补平地绿化之不足，丰富绿化层次，改善生态环境，也丰富了城市景观。

国外立体绿化最早出现在经济较发达国家，在 20 世纪 60~20 世纪 80 年代兴起，并将其视为集生态效益、经济效益与景观效益为一体的城市绿化的重要补充，各种类型、规模的立体绿化应运而生。

在立体绿化生态效益研究方面文章多见于国外报道。Niachou 等认为绿化屋顶一方面减少了对太阳辐射的吸收，另一方面，由于屋顶表面的热量流通及其较大的热容量，降低了屋顶下的房间的室内温度。Nyuk Hien Wong 等研究了新加坡绿化屋顶调节温度的作用，结果表明，由于叶片的蒸腾作用，种植层对太阳辐射的反射作用，以及基质层的隔热作用，绿化屋顶减少了向下传输的热量，而植物向外散发了较少的长波辐射，有效地缓解了城市的热岛效应。另外，还有诸多关于绿化屋顶的热力学行为研究。如 Del Barrio 等调查了屋顶中的热交换及种植基质中的热量与水分运输关系。通过模拟进行了多因素的敏感性分析，结果表明，屋顶绿化不是一个降温装置，而是一个隔热装置。S.Onmura 等研究了屋顶绿化草坪层的热力学行为，结果发现绿化屋顶的降温效应受热量流动、基质水分含量和草坪层的水分蒸发的影响。

在实践方面，德国是全球公认立体绿化做得最好的国家。"建筑破坏了地球，要说声对不起"是他们的建设理念并付诸行动，因此就算是森林边上的一个小别墅，也要设计屋顶绿化。自 1982 年开始，德国立法强制推行屋顶绿化。当前，新建或改建项目申报规划设计时，都必须同时申请屋顶绿化设计，否则不予受理；实施屋顶绿化，可减免 50%~80% 的排水费，政府补贴屋顶绿化工程款的 50%~80%，并可享受政府低息甚至无息贷款。

由于城市绿化环境宜人，新加坡被世人称作"花园城市"。从高空俯视整个国家都被郁郁葱葱的植被所覆盖，街道两侧、屋顶、阳台、墙面等处遍布植物和鲜花，被世界公认为最适宜人居住的地区之一。

日本在立体绿化方面可谓后起之秀，尤其在屋顶绿化方面。为了最大限度地增加绿量，改善城市生态环境，日本东京等各大城市开展了屋顶绿化运动和兴建高档天台的空中花园活动，日本的立体绿化目前已纳入法制化轨道。

## 1.1.3.2　国内立体绿化现状及发展趋势

我国自20世纪60年代起研究并实践屋顶绿化及其建造技术，最初是以生产为主要目的。开展较早的城市有重庆、成都、上海、广州、深圳、武汉等少数几个人口密度较大的城市。国内屋顶绿化的研究主要工作集中在屋顶荷载力、屋顶排水和轻质材料基质的选择上，关于植物选择和环境适应性方面的工作，近二十年在上海、重庆、深圳等城市有所涉及，屋顶绿化设计方面的研究主要集中在中小型屋顶庭院的设计，关于推广屋顶绿化的法律政策方面的研究也是近几年才在北京、上海等城市初步展开。2005年之后，国内公开发表的有关立体绿化的论文数量急剧增加。立体绿化开始成为社会关注的热点。

在1996年，深圳开始在公共绿地大面积地推行垂直绿化，首先在深南大道的福田立交和北环大道的北环立交开始试点，然后推广到全市24座立交桥。1996年，深圳种植爬山虎和薜荔等4万株，覆盖面积达3万 $m^2$；1997年，立交桥种植的植株增加到15万株；1999年，24座立交桥垂直绿化覆盖率达100%，以后种植数量逐年增加；到2002年，深圳的40多座立交桥、部分护坡和人行桥垂直绿化已接近100%，绿化面积达42万 $m^2$，各种攀缘植物数量近50万株。对城市立交桥的侧面、干道的边坡和挡土墙进行垂直绿化等，种植种类也从单一的种类逐渐变得多样化。

南京市政府于2003年3月转发市园林局《关于在南京市开展立体绿化工作的实施意见》的通知，要求在今后三年推广立体绿化，在城市道路沿线围墙、栏杆、高架桥柱等处栽植攀缘植物，形成绿色幕墙；城市主次干道沿线的建筑也要求进行垂直绿化。实施目标要求在三年中全市各主次干道基本实现垂直绿化，沿街道路的围墙栏杆绿化率达到50%，城区内无裸露实挡墙面，高架桥无裸露桥墩；实施时应根据所处地段及材质的不同，选择爬山虎、凌霄、攀缘月季等相应的垂直绿化苗木；沿墙的垂直绿化应砌筑种植池，更换种植土；高架桥墩应制作护网，以利植物攀缘。

上海市一直把立体绿化作为一个工作重点，2010年计划"十二五"期间新建立体绿化150万 $m^2$，其中屋顶绿化100万 $m^2$。为了扩大绿化规模，优化人居环境，太原市启动了"绿染龙城、花满并州"三年造绿大行动，大力实施园林绿化重点工程建设，力争在 2011 年新增绿地面积 300 万 m²。并将逐步开展盆景花卉示范街和垂直绿化示范街等相关垂直绿化的活动，按照"宜栽则栽，宜摆则摆，宜挂则挂"的原则，对具备条件的坡面、墙体、桥梁等实施垂直绿化。

2010 年上海举行了第 41 届世界博览会，在本届上海世界博览会上，馆馆争奇"斗"绿、处处标新"立"绿的时尚建筑，集中展示了各个国家的立体绿化的新技术和新概念，突出了这次世博会"城市，让生活更美好"的主题，彰显了节能减排的低碳生态新理念。

总之，在分析立体绿化的概念、范围、特点、功能的基础上，结合立体绿化国内外研究现状与发展趋势可以看出，通过对国内外相关研究进展分析可以看出，国外一些相对经济发达国家，如德国、美国、日本、韩国等，在屋顶绿化方面都有 20~30 年的成熟经验。立体绿化系统技术包括防水技术、给排水系统、隔根处理、过滤处理、基质选择、植物配置等的研究已达到一定的水平，相关产品也已日益完善，并有一定的政策支持。与之相比，我国的立体绿化研究与建设发展仍有一定差距，目前在立体绿化方面还缺乏系统的研究，各种单项的相关研究缺乏系统指导。建筑专业的相关研究集中于结构构造、工程防水的做法，风景园林专业的研究集中于种植植物及种植基层和规划设计方面的研究。

## 1.1.4　立体绿化与绿色建筑的关系

绿色植物作为自然环境的有机组成部分，其生态效应、视觉感受和人文景观都直接影响着人类生活和建筑环境的诸多方面。在 21 世纪生态环境备受关注的今天，绿色植物更是借助于各种创新技术融入了建筑绿色设计和绿色建筑环境中，从而在建筑环境生态要素中扮演着重要的角色。建筑与环境、建筑与绿化的互动，已经成为 21 世纪建筑设计思想的新探索和新精神。围绕建筑展开的建筑绿化，对于改善城市环境、减少室内空调的使用、减轻"热岛效应"，有效利用雨水有着明显的功效。借助绿色植物抑制 $CO_2$ 的排放并释放出更多的 $O_2$，将使城市生态环境和空气质量得到有效的改善。见表 1–1。

**城市园林绿化的作用**                                                                                     表 1-1

| | 作用 | 地面绿化 | 屋顶绿化 | 墙面绿化 |
|---|---|---|---|---|
| 生态效应 | 1. 净化空气（吸收 $CO_2$，释放 $O_2$ 等） | ○ | ○ | ○ |
| | 2. 缓解建筑缓解热岛效应 | ○ | ○ | ○ |
| | 3. 建筑物的隔热保护 | | ○ | ○ |
| | 4. 增加绿量，提高绿视率 | ○ | ○ | ○ |
| | 5. 截留雨水 | ○ | ○ | |
| | 6. 降温增湿 | ○ | ○ | ○ |
| | 7. 降低噪声 | ○ | ○ | ○ |
| | 8. 防火 | ○ | | ○ |
| 生物多样性效应 | 1. 提升鸟类多样性 | ○ | ○ | |
| | 2. 提升昆虫多样性 | ○ | ○ | ○ |
| | 3. 提升哺乳动物多样性 | ○ | | |
| 生理、心理作用 | 1. 放松心情 | ○ | ○ | ○ |
| | 2. 振作精神 | ○ | ○ | ○ |
| | 3. 景观美化 | ○ | ○ | ○ |
| | 4. 包括 1，2 | ○ | ○ | ○ |
| | 5. 发挥植物其他成分的综合效果 | ○ | ○ | |
| 其他效果 | 1. 空间利用功能 | ○ | ○ | |
| | 2. 宣传功能 | | ○ | ○ |
| | 3. 环境教育功能 | ○ | ○ | |

#### 1.1.4.1　建筑绿化与城市生态环境

（1）建筑绿化的意义

建筑绿化包括屋顶绿化和垂直绿化，是城市多元绿化中的重要结构和方式，突出体现了建筑节能减排，缓解城市热岛效应、治理城市生态环境、美化城市空中景观，提升城市整体形象的作用。随着我国建筑绿化技术不断成熟和发展，建设成本的逐渐降低，建筑绿化将成为城市常规绿化的重要补充，是城市绿地新的重要增长点，是改善城市生态环境最行之有效的措施之一。

（2）建筑绿化的节能减排作用

当今建筑绿化进入了一个多元化发展阶段——绿色植物一体化利用。其应用范围包括建筑屋面、建筑立面、建筑车库顶板、城市高架桥、过街天桥等。在建筑上利用气候资源节能、改善生态环境是建筑节能技术发展的方向。建筑绿化降低夏季空调能耗是建筑节能的重点，可以通过开展建筑绿化达到建筑夏季隔热、冬季保温的作用。

1）降温增湿和雨水循环利用

根据北京市园林绿化科学研究院屋顶绿化课题组的研究结果，绿化屋顶除了夏天对室内外环境具有十分明显的降温和增湿作用，还可以大大降低屋顶外表面的平均辐射温度 MRT（一般可降 10~20℃）。同时，屋顶绿化可有效截留雨水。其中，花园式屋顶绿化可截留雨水 64.6%；简单式屋顶绿化可截留雨水 21.5%。作为海绵城市重要措施，屋顶绿化还能在维持径流总量、削减峰值流量、延缓峰值时间、减少径流污染等方面发挥积极作用。

2）空气清洁和降噪作用

立体绿化植物具有滞尘、杀菌和吸收污染物及增加空气中负离子的作用，具有极强的空气净化能力。研究表明，花园式屋顶绿化平均滞尘量为 $12.3g/m^2 \cdot a$，简单式屋顶绿化平均滞尘量为 $8.5g/m^2 \cdot a$。屋顶绿化可有效避免屋顶二次扬尘污染，是城市大气环境治理污染的重要措施；还可在机场、工厂等噪声大的场所形成有效隔音屏障，依靠种植基质能阻止低频声波的传播，依靠植被可阻止高频声波的传播，减少建筑物内部的噪声。试验结果表明种植基质厚度为 120mm 时，屋顶绿化的隔音量能高达 40dB。

（3）生物多样性恢复和生态效益评价

建筑绿化对城市绿化覆盖率的贡献不可小觑，以北京为例，北京的屋顶绿化全部计入城市绿化覆盖净增值，屋顶绿化覆盖率折抵值100%。同时，立体绿化在城市建筑环境中还实现了人类与其他物种之间的共生，包括植物、动物、鸟类、昆虫、微生物等，对于城市环境的生物多样性起到很好的恢复作用。

## 1.1.4.2 建筑绿化与绿色建筑的关系

（1）绿色建筑的概念和建设目标

绿色建筑是指：在建筑的全寿命周期内，最大限度地节约资源（节能、节地、节水、节材）、保护环境和减少污染，为人们提供健康、适用和高效的使用空间，与自然和谐共生的建筑（引自《绿色建筑评价标准》GB/T 50378—2019）。绿色建筑的评价标准集中体现在五方面：1）实现全生命周期；2）最大限度地节约资源——能源、土地、水、材料；3）必须保护环境、减少污染；4）具有健康、适用和高效的使用空间；5）可以与自然和谐共生。

2006年以来，从中央到各地市陆续制定了绿色建筑评价标准体系和政策，诸如《建筑工程绿色施工评价标准》《既有建筑绿色改造评价标准》《绿色医院建筑评价标准》等；绿色建筑产业不断兴起，例如国内太阳能、保温材料、装配式住宅、立体绿化、绿色设计与咨询等产业发展迅速；为推动绿色建筑迅速发展，北京市要求所有新建项目必须达到一星级，并对二星、三星级建筑按平方米进行财政补贴。

截至2020年我国既有建筑面积约500亿 $m^2$，每年城乡新增建筑约20亿 $m^2$，预计今后30年城镇化过程中仍将新建约200亿~300亿 $m^2$ 建筑。2013年国务院《绿色建筑行动方案》：2015年末，20%的城镇新建建筑达到我国绿色建筑评价标准；2014年国务院《能源发展战略行动计划2014—2020》：2020年城镇绿色建筑占新建建筑比例达到50%；2015至2020年，每年预计新增绿色建筑3亿~6亿 $m^2$。

（2）建筑绿化与绿色建筑的关联性

清华大学建筑设计院袁凌教授认为，建筑绿化的作用主要体现在以下几方面：1）可以降低城市建筑环境的热岛效应；2）可以改善空气质量；3）绿化屋面可以蓄滞雨水，降低地表径流；4）可以通过绿化种植，增加碳汇；5）可以成为控制驿站，吸引鸟类、昆虫，增加城市生物多样性；6）可以补充城市绿量；7）可以提高建筑外围护结构性能，降温增湿，保温隔热，保护建筑外表皮；8）可以通过云端农场的耕作，实现都市农业；9）在城市建筑环境中亲近自然，创造自然，体现文化价值。

现行国家标准《绿色建筑评价标准》GB/T 50378—2019 提出："四节一环两管理，鼓励提高与创新"。具体包括：节地与室外环境、节能与能源利用、节水与水资源利用、节材与材料资源利用、室内环境质量、施工管理、运营管理、提高与创新。各地也有相应的地方标准，例如北京、天津、深圳等；绿色建筑可按照相关设计标准进行设计，设计标准主要执行的是《民用建筑绿色设计规范》JGJ/T 229，各地也有相应的地方标准，例如北京、江苏、广西等。

（3）绿色建筑对建筑绿化的需求

建筑绿化与绿色建筑相关规范的对接主要在《绿色建筑评价标准》GB/T 50378—2019，其中与立体绿化直接相关的内容包括：1）节地与室外环境部分；2）节地与室外环境；3）节能与能源利用；4）节水与水资源利用；5）节材与材料资源利用；6）室内环境质量；7）施工管理；8）运营管理；9）提高与创新。

《绿色建筑评价标准》GB/T 50378—2019 多处体现了对建筑绿化的重视和引导。例如鼓励公共建筑采用垂直绿化和屋顶绿化（节地与室外环境4.2.15）；在"11.2 加分项 I 性能提高"中，对围护结构热工性能（11.2.1）、室内空气污染物浓度（11.2.7）相对于国家标准的提高予以加分（可通过立体绿化协助实现）；在"II 创新"部分，对可绿化屋顶全部做屋顶绿化，不低于 30% 的外墙面积做垂直绿化等，视作改善场地微环境气候的创新措施予以加分。可见，鼓励采用具有一定规模和实效的立体绿化已成为我国绿色建筑的重要发展方向之一，这反映了我国立体绿化相关研究和应用的进展。此外，建筑绿化作为绿色技术手段之一，对绿色建筑的其他方面也可以发挥作用，在评价中间接得分。

（4）城市景观与建筑绿化

从建筑设计的角度出发，竖向界面主要以点、线构图为主，种植方式以人工绿化为主。建筑物绿化将为城市或街道可以带来迥然不同的人文视觉景观。同时，建筑绿化还可增强城市的吸引力，这源自人类同绿色植物的依存关系以及人与自然的共生关系。随着城市的不断扩张，城市中心地带不断向天空或地下进行高层化、多层化的空间发展，其结果是延展并抬升了人居活动及生存的空间。这些活动空间非自然土地，而是由钢筋混凝土结构建造的建筑。在这样的空间生活，应该具备丰富且有足够的吸引力的空间立体绿化与之结合，以确保居住使用者的安全感、舒适度。此外，作为街道绿化的建筑物绿化，也是建筑与周边环境的自然结合，不仅反映了人与自然的和谐关系，而且还可造就丰富的地域景观。地面行道树结合建筑竖向界面的阳台、墙面绿化共同组成绿化空间。

（5）建筑绿化与空中鸟瞰景观

随着城市建筑层数和高度的不断增加，出现多层次的建筑第五立面，城市景观也出现立体化的格局。作为远景景观，建筑绿化可增加景观的层次，柔化建筑的界面，增强城市与景观的融合。远景景观主要为建筑水平界面的立体绿化、阳台绿化、地下建筑顶板覆土绿化等。从城市环境、生态效益、建筑隔热的角度出发，水平界面主要以面和线构图为主，园林绿化种植方式应以植物造景为主。突出绿色建筑中建筑绿化所必须具备的功能实用、节能环保、造价可控、长期维护便捷、景观效果持续保证、生态效益显著等特征。

# 1.2　国内外相关政策

## 1.2.1　国外相关政策

### 1.2.1.1　国外立体绿化公共政策

国外绿色空间立体绿化事业的快速发展有赖于公共政策的良好支撑。在全球范围内，立体绿化公共政策主要有两大类型，即鼓励性和强制性。鼓励性政策在立体绿化事业发展初期具有良好的示范作用，也是目前运用得最为普遍的政策措施。而以立法形式将立体绿化作为新建设项目的强制性要求是公共政策发展的必然趋势。鼓励性政策与强制性政策的综合应用，是绿色空间立体绿化可持续发展的坚实基础。

欧美国家的经验表明，立体绿化事业成功的关键因素有三个：一是全民环境意识的普遍提高；二是具有良好的法律及公共政策环境；三是拥有先进的绿化技术体系。自 21 世纪伊始，现代立体绿化技术从以德国为代表的欧洲国家向全球传播的过程，也是各国政府和地方当局立体绿化公共政策从无到有、逐渐建立和不断完善的过程，城市当中如北美的芝加哥、多伦多和亚洲的新加坡、成都、北京和上海。

## 1.2.1.2　政策背景

在国内，立体绿化被理所当然看作是地面绿化的有益补充。而在欧美国家则被看作是环境敏感的、可持续的建筑技术，成为高度城市化条件下解决城市环境问题的重要手段。正是基于其在改善雨洪管理、缓解热岛效应、促进建筑节能、补偿绿色空间不足等方面所具有的独特作用，主体绿化得到了地方当局政府公共政策的强有力支持。

20 世纪 70 年代末以德国"景观开发与建设研究协会"（简称 FLL）为代表的行业协会和学术机构对屋顶绿化公共效益进行了持续而深入的研究，积累了的大量研究数据和成果，构成了当今各地方政府公共政策的理论基础。例如，Dunnett and Kingsbury（2004）的研究表明：高度都市化地区屋顶面积占非透性面积总量的 40%~50%，城区黑色屋面的热辐射作用对升温的贡献占 38%，由此证明屋面是造成城市热岛效应的主要原因之一。因此，屋顶绿化的实质是对高度城市化地区大量非透性面积出现的一种对策。为此，2008 年《芝加哥气候行动计划》提出屋顶绿化建设的中期目标是：到 2020 年，全市屋顶绿化项目达到 6000 个。2008 年英国伦敦市将屋顶绿化和垂直绿化作为伦敦城市规划（London Plan）重要的组成部分。欧盟在 2011 年的一份题为《限制土壤密封最佳措施及降低它的影响》的技术报告里，更是把屋顶绿化作为其中两项最佳措施之一。

## 1.2.1.3　公共政策的法律框架

1992 年巴西的里约热内卢的联合国环境峰会成为欧洲各国政府普遍制定"面向 21 世纪可持续发展战略"的催化剂。在此背景下，欧盟的相关环保法规对各成员国联邦政府法律体系的影响日趋增强，进而影响到屋顶绿化政策。在德国直接影响屋顶绿化政策的联邦法是：建筑法、自然保护法、环境影响评估法、土地利用法以及废水处理法。在北美，屋顶绿化被纳入联邦"绿色建筑"评估体系（LEED），即屋顶绿化作为绿色建筑的一个重要元素，通过增加分值获得"LEED"认证。而绿色建筑评估体系的法律基础就是联邦环境保护法、能源法和联邦建筑法。

### 1.2.1.4 公共政策类型

如前所述，国外立体绿化政策分为鼓励性和强制性两大类。鼓励性政策又分为直接的财政激励和间接的财政激励；强制性政策主要指立法监管措施，在德国生态补偿政策也属于强制性政策类型。

（1）直接的财政激励

给立体绿化项目直接的财政补贴是最常用的方式，按每平方米补贴一定金额或按项目总费用的一定比例（约 30%~50%）予以补贴。被补贴的项目一般都有最低要求，比如，屋顶绿化系统最低保水能力、最小的基质厚度、最低使用年限等。

直接的财政激励政策的特点是：

1）非强迫性措施；

2）政策的目标可以是多样的；

3）政策一般在特定的区域使用，比如，既有建筑比例比较高的老建成区，而这些区域强制性的政策无法实施。

直接的鼓励政策的最大限制就是对市政当局的财力是个巨大考验。其他的财政鼓励，如税收抵免，费用减免和容积率奖励都不需要实质性的财政投入。例如，市政当局全部或部分免除与屋顶绿化项目相关的设计评估、行政许可、项目评审等费用。其中，容积率奖励是非货币性政策里运用最广泛的鼓励政策。在新建设项目或翻新项目中，如果某些措施或技术的运用能带来明显的公共效益，市政当局可在城市规划条例容许的范围之外增加该项目的建筑面积或高度。但容积率奖励政策的目标多限定在中心城区和建筑密集区域。

（2）间接的财政激励政策

德国在 20 世纪 80 年代首创的雨水费减免政策，被认为是最具典型意义的间接激励政策。德国传统的做法是：雨水和污水处理费用混合征收。

20 世纪 80 年代联邦政府要求将家庭废水排放与雨水排放分别按自来水消费量和非透性屋面的面积征收。有屋顶绿化的家庭，按比例减免征收雨水费。根据德国最大的屋顶绿化协会（FBB）2004 年的调查：约有 50% 的德国城市已经实施了这项分别计费政策，而雨水费的减免率多为 50%。该机构的研究同样指出：这项间接的激励政策，在德国被认为是最成功，也是最公平的一项政策。

（3）强制性的生态补偿政策

生态补偿政策是 20 世纪 80 年代中期德国制定的屋顶绿化政策。其出台的背景是：随着城市化的进程加快，每日有大量的城市绿色空间被建筑物或构筑物所占据，必须对失去的自然空间给予补偿。而屋顶绿化被看作一种生态补偿措施，这种补偿措施可以依照联邦自然保护法和建筑法被法定纳入当地政府的城市发展规划里。为使生态补偿措施产生既定的环境效果，FLL 制定了一套屋顶绿化评估办法，对屋顶绿化作为生态补偿措施提出了详尽的技术要求。

生态补偿政策是强制性的，政策目标非常明确，就是弥补失去的自然绿色空间。该政策的缺点是，政策设置与操作过于复杂，且生态补偿的长期效果有待检验。

（4）强制性的规管措施

将屋顶绿化作为对城市新发展项目的强制性要求是世界各国和地方政府推动屋顶绿化最重要的政策工具。强制性的政策目标通常是多样的，比如减少非透性屋面及墙面的面积、改善水质、生态补偿等，该政策尤其适用城市的新发展区域。根据德国 FBB 2004 年的调查，德国有接近 37% 的城市制定了强制性的规管措施。

（5）其他非政策手段

这些手段包括通过媒体广泛宣传立体绿化的公共效益、召开学术研讨会、在政府建筑上建立屋顶绿化样板、开展屋顶绿化设计和优秀工程评选等。

## 1.2.1.5  屋顶绿化政策案例

（1）德国斯图加特市（Stuttgart）

斯图加特市屋顶绿化发展历程是德国屋顶绿化发展的缩影。斯图加特由于其独特的地理位置，在 20 世纪 70 年代出现了明显的大气污染和热岛效应。为此，该市修订了城市规划和建筑法，将屋顶绿化作为改善空气质量，降低热岛效应的重要措施加以推广。现已证明，斯图加特市屋顶绿化的政策是成功的。截至 2007 年，公共建筑已经绿化的面积达到 105000m²，公共财政补贴的私人项目绿化了 55000m²，通常因为申请者众多而出现财源不足的现象。而对于城市发展规划强制要求实施的屋顶绿化面积，目前没有统计数据。

（2）美国芝加哥市（Chicago）

2002 年，芝加哥市长 Richard Daley 就宣称"芝加哥将成为美国最绿色的城市"。屋顶绿化作为高太阳反射率屋顶的一种选择，以应对热岛效应和改善空气质量。

该市对屋顶绿化的推进开始于 1998 年，市长带队参观德国时，注意到大量的屋顶绿化。随后规划和发展部门对屋顶绿化的积极推进，逐渐形成了芝加哥市比较完善的绿色建筑及屋顶绿化政策。2008 年的芝加哥气候行动计划（Climate Action Plan）提出：到 2020 年屋顶绿化项目达到 6000 个。目前，芝加哥市已成为美国可持续发展技术的领头羊。据北美屋顶绿化协会的统计，2011 年屋顶绿化面积约为 50 多万 m²，为美国屋顶绿化面积最大的城市。

（3）新加坡（Singapore）

新加坡的土地面积只有 700 多平方公里，有限的土地资源逼迫新加坡绿化向空中发展。因此，新加坡的立体绿化政策是实现"城市在花园里"总目标战略的一个组成部分。新加坡立体绿化的驱动力来自政府公共部门，这些部门共同努力取得了今天的成功。其中最重要的几个部门是：国家规划局、国家建筑和建设局、国家公园局等。

从新加坡的城市发展轨迹看，20 世纪 60 年代到 21 世纪初，总目标是花园城市，这个目标早已实现。自 21 世纪开始，提出"花园中的城市"的总目标。最近几年，随着城市可持续发展概念及绿色技术的兴起和不断完善，城市的最终目标是：绿色可持续发展城市，比"花园中的城市"追求更高。在这样的城市背景下，2009 年 4 月 27 日，新加坡政府提出 2030 年可持续发展蓝图：80% 的建筑成为绿色建筑，新增 50 公顷建筑立体绿化面积。据不完全统计：截至 2012 年，绿色建筑超过 1000 栋，立体绿化项目达到 650 个建筑单位。

## 1.2.2　国内相关政策

### 1.2.2.1　国内立体绿化公共政策

我国屋顶绿化事业的快速发展始自 21 世纪初，以 2001 年成都市人民政府发布的《成都市建设项目公共空间规划管理暂行办法》（成府发〔2001〕223 号）为标志。2005 年《关于进一步推进成都市城市空间立体绿化工作实施方案》的出台，更是成为我国屋顶绿化公共政策的样板。

北京市在 2008 年前后以奥运会为契机，大力推广立体绿化、屋顶绿化，成效显著。在总结经验的基础上，于 2011 年对包括屋顶绿化在内的立体绿化工作做出全面部署，发布了《北京市人民政府关于推进城市空间立体绿化建设工作的意见》（京政发〔2011〕29 号），将屋顶绿化提升到"美化生态景观、改善气候环境和生态服务功能"的高度，标志着国内对"屋顶绿化公共效益"的认识实现质的飞跃。

2010 年世博会的召开成为上海市屋顶绿化事业发展的重大转折。2011年，上海市将包括屋顶绿化在内的立体绿化纳入全市"十二五"绿化发展规划，提出屋顶绿化 5 年增量目标达到 100 万平方米。2014 年 8 月 21 日发布《关于推进本市立体绿化发展的实施意见》（沪府办发〔2014〕39 号），提出将屋顶绿化作为城市绿化新的增长点和重要发展方向。2015 年 7 月 23日，上海市人大表决通过《上海市绿化条例修正案》，成为国内首个以立法形式对公共建筑推行强制性屋顶绿化政策的城市。

据不完全统计，截至 2019 年，全国屋顶绿化面积超过 100 万 $m^2$ 的城市有成都、北京、上海、深圳、重庆等城市，成都以超过 300 万 $m^2$ 的总量遥遥领先。

### 1.2.2.2　我国立体绿化公共政策分析

#### （1）立体绿化基本驱动力

我国立体绿化公共政策具有明显的中国特色，首先表现在屋顶绿化基本驱动力上。早期，对城市第五立面的"美化"成为屋顶绿化的主要推动力。以 1999 年深圳市出台的"深圳市屋顶美化绿化实施办法"（深府〔1999〕196 号）为例，其政策依据是《深圳经济特区住宅区物业管理条例》《深圳经济特区市容和环境卫生管理条例》《深圳市人民代表大会常务委员会关于坚决查处违法建筑的决定》等有关法规、规章，绿化只是屋顶美化的手段之一。客观来讲，即使在 21 世纪的今天，各地政府在推进屋顶绿化事业的利益驱动上，"美化"的权重仍然相当大。因此，屋顶绿化在个别地方仍然会成为政绩工程和面子工程。

我国屋顶绿化另一个重要驱动力是：增加中心城区绿量，改善城市生态环境。这一驱动力成为当前我国多数城市屋顶绿化公共政策制定的主要依据，尤其像北京、上海、广州、深圳这类特大城市，中心城区寸土寸金，个别地段每平方米的土地价值已经超过 10 万元人民币，屋顶绿化在"节地"上的正收益非常巨大。

（2）公共政策基本类型

我国公共政策也可以分为两大类型，即强制性政策和鼓励性政策。

1）强制性政策。政府以行政命令的形式将屋顶绿化任务下达给各个区或政府直属部门，是强制性政策的最主要形式，也是目前最常见的政策形式。通过立法，推动立体绿化绿化，是另一种强制性政策，目前国内只有上海市完成了屋顶绿化的立法程序。

2）鼓励性政策。财政直接补贴是目前各地政府最常用的政策措施，也是目前针对既有建筑屋顶绿化最有效的政策措施。但该项政策对各地政府公共财政形成一定的压力，因此，政策的持续性有待观察。

在新建设项目中用屋顶绿化面积折抵建设项目附属绿地面积，成为屋顶绿化另一常用政策工具。尤其在中心城区的建设项目，屋顶绿化折抵部分地面绿化面积是最经济可行、效果最为显著的鼓励措施。北京、上海、杭州等城市均配套出台了详细的折抵标准和计算公式，对未来各城市屋顶绿化政策的制定具有重要示范意义。

其他鼓励措施包括成都的"以奖代补"政策，上海的"立体绿化百佳评选"活动等。

## 1.2.3 国内外政策的启示

尽管我国立体绿化事业处于快速发展阶段，但总体来看，各地发展极不均衡，可持续性不强。公共政策的基石不牢，政策效力偏弱，是重要的制约因素。

一方面，跟立体绿化技术的快速进步相比，公共政策体系的建立与完善仍需在理论上补足"功课"，特别是公共政策的法律背景、规划依据等。

　　另一方面，在立体绿化具体政策措施的制定上，也有巨大的提升空间。在以城市绿化部门为主导的绿化发展模式下，政策措施的制定通常缺乏市域尺度的规划高度和视野，与绿色建筑、海绵城市等相关政策措施之间的联系管道不畅。结果是，政策措施单一，适用范围狭窄，政策的可持续性不佳。因此，应构建以规划为引领，涵盖多个学科的立体绿化公共政策体系，以保证公共利益的最大化。

# 1.3　类型

## 1.3.1　屋顶绿化

### 1.3.1.1　屋顶绿化定义

　　屋顶绿化又称种植屋面、屋顶花园或空中花园、屋顶种植等，是指区别于地面绿化，在高出地面以上，周边不与自然土层相连接的各类建筑物、构筑物的顶部以及天台、露台上的绿化。屋顶绿化是建筑第五立面的绿化，属于立体绿化的一部分，是在建筑物、构筑物的顶层进行的一种绿化种植形式。

### 1.3.1.2　屋顶绿化类型

　　屋顶绿化的类型和形式是多种多样的。按照使用要求区分，可分为公共休憩型屋顶绿化、赢利型屋顶绿化、家庭式屋顶绿化、以科研生产为目的的屋顶绿化等；按照屋顶绿化的位置区分，可分为单层、多层建筑屋顶绿化和高层建筑屋顶绿化。按空间开敞程度区分，可分为开敞式、半开敞式和封闭式屋顶绿化。

　　为了使用和交流方便，通常我们根据屋顶绿化的组成元素和植物的不同，将它们分为花园式屋顶绿化和简单式屋顶绿化、地下室顶板绿化。

**（1）花园式屋顶绿化**

花园式屋顶绿化园林布局近似于地面绿化，它是根据屋顶具体条件，选择小型乔木、低矮灌木和草坪、地被植物进行植物配植，设置园路、座椅、山石、水池和亭廊榭等园林建筑小品，提供一定的游览和休憩活动空间的复杂绿化。花园式屋顶绿化以植物造景为主，宜采用乔、灌、草结合的复层植物配植方式，具有较好的生态效益和景观效果。其荷载一般为 3.0~8.0kN/m²。

**（2）简单式屋顶绿化**

简单式屋顶绿化是利用低矮灌木或草坪、地被植物进行绿化，不设置园林小品等设施，一般不允许非维修人员活动的简单绿化。简单式屋顶绿化以草坪等地被植物为主，可配置宿根花卉和花灌木，讲求景观色彩，可用不同种类植物配置出图案，结合园路铺装，形成屋顶俯视图案效果。其荷载一般为 1.0~2.0kN/m²。

**（3）地下建筑顶板绿化**

地下建筑顶板绿化是在地下车库、停车场、商场、人防等建筑设施顶板上进行的绿化。它是和屋顶绿化接近的一种特殊形式的绿化，地下室顶板的覆土与地面自然土相接，不完全被建筑物所封闭围合，可进行植物造景，形成以乔木、灌木、花卉和草坪地被等组成的复式种植结构，并配以座椅、休闲园路、园林小品及水池等形成永久性的园林绿化。其绿化组成和花园式绿化相似，但也要根据具体情况进行调整。地下室顶板覆土种植的荷载一般不小于 10kN/m²。

## 1.3.2　垂直绿化

### 1.3.2.1　墙面绿化的定义

墙面绿化是指依附在垂直或近似于垂直的立面上种植或覆盖绿色植物的绿化形式。常指各类建筑物或构筑物的外墙、围墙、挡土墙，以及河道和道路护坡墙等墙体的绿化方式。可采用种植藤蔓植物攀爬、种植容器栽植、植物模块装配以及种植毯栽植等技术类型进行绿化。

### 1.3.2.2　墙面绿化的类型

目前国内外对墙面绿化绿化技术形式众说纷纭，自 2009 年起，陈祥等人将新型墙面绿化总结为三种类型，分别是：人工基盘式、墙面种植式和墙面贴植式。截至 2011 年，张小康将墙面绿化技术类型分为以下几种：一是标准模块式；二是使用攀缘植物的墙面绿化；三是种植槽绿化技术；四是"垂直花园"绿化技术。同年，付军在《城市立体绿化技术》中较为全面地将目前墙面绿化分为七种技术形式，分别是攀爬或垂吊式、种植槽式、模块式、铺贴式、布袋式、板槽式和墙面贴植式等。可以看出墙面绿化技术的分类研究，随着技术发展不断扩展、细分，时至今日尚没有统一的分类方式。

结合国内外文献与实际调研，本书将目前市场所存在的墙面技术分为：模块式、种植毯式、框架式、网格编织袋式、多层种植槽式、种植容器式、网片式、铺贴式、板槽式、花器吸附式和绿篱式等方式。

结合近年来这些墙面绿化技术的应用频率、技术特点及成熟度，将墙面绿化技术归结为以下三大类进行详细阐述，分别为：攀缘式、模块式、种植毯（袋）式。

**（1）攀缘式**

攀缘式墙体绿化技术是根据附着面的光滑程度和耐腐性，选择藤蔓植物直接吸附或设置牵引绳、固定网等辅助引导，对墙面进行绿化的技术。如图 1-1~ 图 1-4 所示。

技术特点：攀缘式墙面绿化具有景观自然、持续长久、相对投入的基础成本少等优点。缺点是植物需要很长时间才能爬满整个墙壁，绿化速度慢，绿化高度受限，难以覆盖均匀，植株死亡时难以清理等。

**（2）模块式**

模块式墙面绿化，采用模块化构件实现墙面绿化，一般由基础结构、绿化模块（容器）、栽培基质、灌溉系统和绿化植物五部分组成。模块式最

图 1-1　网片牵引攀缘式绿墙　　　　　　图 1-2　钢丝绳牵引攀缘式绿墙

重要的部分是用于承载植物和基质的绿化模块，模块种类较为丰富，最常见的载体一般为树脂材料制成的硬质模块，另外还有腐熟有机物组成的柔体基盘、可塑性基质、铺贴式布袋或种植毯等。如图 1-5~ 图 1-8 所示。

图 1-3　自然攀缘式绿墙

图 1-4　廊架攀缘式绿墙

图 1-5　1 号种植盒绿墙模块

图 1-6　2 号种植盒绿墙模块

图 1-7　管道模块式绿墙产品

图 1-8　新加坡蔼美 VPM 框绿墙模块

图 1-9 改良型种植毯产品　　　　　图 1-10 复合型种植毯产品

技术特点：墙面模块可单独拆卸、分批上墙，所以部分工程可以根据施工需求，在模块内预先栽培植物成型，待需要时上墙拼接，植物墙的设计自由度高，养护土易于更换，具有绿化速度快、绿化效果好、覆盖均匀、保护建筑墙体等诸多优点。

（3）种植毯（袋）式

种植毯（袋）式墙面绿化是指采用无纺布、毛毡等纤维材料制作成囊袋状或长条形种植袋状，填充基质、供植物生长的一种绿化形式。如图 1-9 和图 1-10 所示。

技术特点：该技术载体采用以无纺布为主的材料，其柔韧性好，稳定性好，适用性广、设计自由度高，尤其是一些异形建（构）筑物立面的绿化工程，在景观效果方面，能够有效贴合设计线条。

## 1.3.2.3　桥体、廊架绿化类型

桥体、廊架绿化主要包括桥体墙面（含桥壁和桥帮）、引桥及桥体防护栏（护网）和桥柱三大部分。具体形式可拆分为：引桥部分护栏、桥帮（壁）攀缘（含廊架、拍架）、桥帮（壁）悬挂、桥区种植槽栽植、桥侧绿地栽植、桥柱绿化等。

（1）桥体墙面立体绿化（桥壁、桥帮）

桥体墙面的绿化类似于墙面的绿化，是城市立体绿化中占地面积最小，绿化面积最大的一种绿化形式，通常是利用藤本植物的攀爬特性或枝条下垂来进行绿化，以增加绿地覆盖率，美化桥体，同时墙面绿化还可以对桥体起保护作用，减少了桥体被恶劣气候破坏的概率，增加建筑材料的使用寿命。桥体墙面绿化具有占地少、见效快、易养护的特点。

（2）桥体防护栏绿化（护网、廊架、拍架）

桥体防护栏是桥体绿化中一个观赏性较强的部分，也是桥身最具装饰性的部分。桥体防护栏的绿化一般有两种方法：一种是在两侧栏杆或廊架设置花槽，栽植色彩鲜艳的花卉来点缀和美化景观；另一种是栽植草本攀缘植物，使植物沿栏杆缠绕生长，对防护栏进行绿化。

（3）桥柱绿化

桥柱的绿化一般用垂直绿化的方法进行绿化，可选用攀缘植物或缠绕类植物，让其依附于立柱生长。桥柱绿化利用立交桥下已有的绿地种植藤本或攀缘植物，在立柱上加上附着物或将立柱设计为粗糙表面，以便植物攀爬。

## 1.3.3　边坡绿化

### 1.3.3.1　边坡绿化定义

边坡绿化是一种有效防护裸露坡面的生态护坡方式，它与传统的土木工程护坡（钢筋锚杆支护、挂网、格构等）相结合，可有效实现坡面的生态植被恢复与防护。不仅具有保持水土的功能，还可以改善环境和景观，美化环境，涵养水源，防止水土流失和滑坡，净化空气。对于土质和土石质边坡而言，边坡绿化的环保意义尤其突出。一般在工程上所指边坡为坡度25°（含）以上，由于人为或自然因素造成的地表植被损毁或土壤母质层丧失的裸露坡面进行绿化。

### 1.3.3.2　边坡绿化分类

边坡分类以土壤及岩石（普氏）分类为基础，可分为土质边坡、土石质边坡和岩质边坡等3类；按坡度包含缓坡、陡坡、急坡、险坡、崖坡、崖壁等。

从植物群落角度考虑，边坡绿化可分为乔灌型、灌木型、灌草型、草本型、攀缘型等，具体见表1–2。

**边坡绿化类型**　　　　　　　　　　　　　　　　　　　　　　　　　　　　　　表 1-2

| 绿化类型 | 主要特征 | 适用地点 |
|---|---|---|
| 乔灌型 | 乔灌结合群落 | 坡度较缓的下边坡 |
| 灌木型 | 灌木群落 | 上边坡、下边坡、隧道口边坡 |
| 灌草型 | 灌草结合群落 | 上边坡、下边坡、隧道口边坡、重要景观节点 |
| 草本型 | 草本植物群落 | 上边坡、下边坡、服务区周边、主要收费站点、观景台周边区域等 |
| 攀缘型 | 攀缘植物群落 | 上边坡、下边坡、隧道口边坡、服务区周边、主要收费站点、观景台周边区域等 |

第 2 章

# 绿色空间竖向拓展技术篇

# 2.1 屋顶绿化

## 2.1.1 屋顶绿化系统构成及指标要求

屋顶绿化是在高出地面以上，底部及周边不与自然土层相连接的各类建筑物、构筑物等的顶部以及天台、露台上的绿化，与其相关的构建技术包括构造层次、材料、设施等，包含：建筑荷载、防水层（包括普通防水层和耐根穿刺防水层）、排（蓄）水层、过滤层、种植基质层、植物的选择与固定技术、养护管理技术、灌溉技术、铺装、覆盖材料及照明等。其中决定屋顶绿化成败的关键核心要素是建筑荷载、防水和排水。

### 2.1.1.1 屋顶绿化基本构造层次

在进行屋顶绿化设计前，必须明确建筑可承受的荷载数值，屋顶增加的所有构造层及种植基质、植物种植、园林小品、园路铺装等均应在屋顶结构承载力允许范围内并计入建筑永久荷载。如图 2-1 所示。屋顶基本构造层次包括：基层、绝热层、找坡（找平）层、普通防水层、耐根穿刺防水层、保护层、排（蓄）水层、过滤层、种植基质层和植被层等。

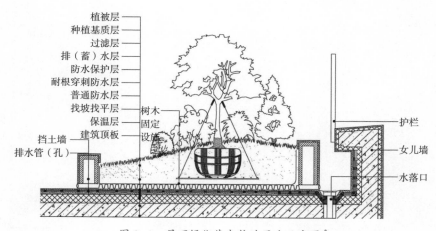

图 2-1 屋顶绿化基本构造层次示意图 *

注：* 根据屋顶类型不同构造层应有增减。

### 2.1.1.2　屋顶绿化建议性指标

屋顶绿化分为花园式和简单式两种，如图 2-2 和图 2-3 所示，北京市地标《屋顶绿化规范》DB11/T 281—2015 对于不同类型的屋顶绿化，提出了建议性指标，见表 2-1。

图 2-2　花园式屋顶绿化　　　　　　　图 2-3　简单式屋顶绿化

屋顶绿化建议性指标　　　　　　　　　　　　　　　　　　　　　　　　　　表 2-1

| 绿化类型 | 项目 | 指标 |
| --- | --- | --- |
| 花园式屋顶绿化 | 绿化面积占屋顶总面积 | ≥ 60% |
|  | 种植面积占绿化面积 | ≥ 85% |
|  | 铺装园路面积占绿化面积 | ≤ 12% |
|  | 园林小品面积占绿化面积 | ≤ 3% |
| 简单式屋顶绿化 | 绿化面积占屋顶总面积 | ≥ 80% |
|  | 绿化种植面积占绿化面积 | ≥ 90% |
|  | 铺装园路面积占绿化面积 | ≤ 10% |

## 2.1.2 屋顶绿化设计

　　屋顶绿化设计要在满足建筑荷载前提下进行，并遵循安全性、生态性、景观性、经济性的原则。设计方案前必须进行现场踏勘，了解建筑荷载、周边环境、屋顶面积、高程、朝向、现有防水状况、给排水、水落口位置及形式等。

　　方案设计包含：根据荷载和投资状况确定屋顶绿化类型、功能分区、平面布局、铺装及植物材料、设计概算等；施工图设计包含：屋顶构造层次做法、防水层设计、排水层、种植基质、种植设计、防风固定方式、灌溉系统、电气照明设计、园林小品、节点构造和施工预算等。

### 2.1.2.1 荷载要求

　　根据设计项目和内容，应计算出进行屋顶绿化后所增加的荷载，且应保证小于现有建筑荷载。不能达到最小荷载要求的严禁进行屋顶绿化建设，屋顶绿化荷载要求见表 2-2。

**屋顶绿化荷载要求**　　　　　　　　　　　　　　　　　　　　　　　　　　　　表 2-2

| 屋顶类型 | 最小荷载要求 kN/m$^2$ | 备注 |
| --- | --- | --- |
| 简单式 | 1.0 | 既有公共建筑或老旧住宅建筑宜采用 |
| 花园式 | 3.0 | 新建公共建筑或新建住宅建筑宜采用 |

### 2.1.2.2 防水层设计

#### （1）三道防水层设计

　　根据《建筑与市政工程防水通用规范》GB 55030，屋顶绿化防水层采用不少于三道防水设防，设计为两道防水卷材及一道防水涂料，最上层为耐根穿刺防水材料；防水层相邻铺设且防水层的材料要相容；防水层要满足一级防水等级设防要求，且必须至少设置一道具有耐根穿刺性能的防水材料，为确保屋顶结构安全，屋顶绿化前，在原屋顶基础上应进行二次防水处理。屋顶防水及女儿墙泛水构造见图 2-4。目前应用于屋顶绿化较常见的耐根穿刺防水材料应通过具有 CMA 资质认证相关机构的检测。

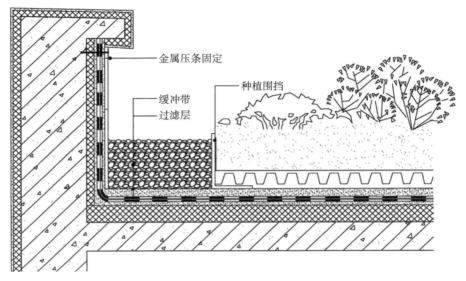

图 2-4　女儿墙泛水构造做法图

**（2）耐根穿刺防水材料阻根原理**

1）化学阻根

化学阻根是通过加入化学阻根剂，阻止植物根系向防水卷材内部的生长或改变根系的生长方向，同时还不能影响植物的正常生长。

2）物理阻根

物理阻根则是通过材料本身具有的致密性和高强度、高耐腐蚀性来抵御植物根系的穿刺。

**（3）常见耐根穿刺防水材料类别**

目前送检通过的，用于屋顶绿化的耐根穿刺防水材料主要有 6 种类型，分别是弹性体（SBS）改性沥青防水卷材、塑性体（APP）改性沥青防水卷材、PVC、高分子聚乙烯丙纶、热塑性聚烯烃（TPO）防水卷材和聚脲。随着国内新型防水材料的不断更新和变化，参与耐根穿刺性能试验的防水产品也逐渐趋于多元化，通过检测数据统计表明，自 2010 年以来，样品的类别也逐渐由 SBS 为主的格局向新型材料转变，SBS 防水卷材产品呈逐年下降趋势，高分子类的防水卷材上升趋势比较明显。根据目前实际项目统计，屋顶绿化所应用的常见普通防水材料和耐根穿刺防水材料类型包括 SBS、APP、PVC 等。

### 2.1.2.3 排水、过滤层设计

相比传统陶粒或碎石排水层，目前屋顶绿化排水层几乎全部采用凹凸式排水板，排水系统设计与建筑排水坡度方向一致并确保连续畅通，排水坡度 >2% 进行分区设置和有组织排水。设计时建议预留水落口在铺装上，并且应保持排水通畅和位置醒目，不堵塞或覆土种植，设计花池、水池应合理设置排水口，以便瞬时降水时快速排水，排水构造及排水口做法见图 2-5 和图 2-6。

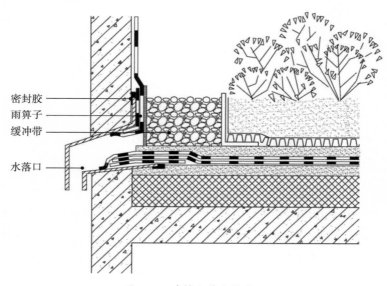

密封胶
雨箅子
缓冲带
水落口

图 2-5 外排水节点构造图

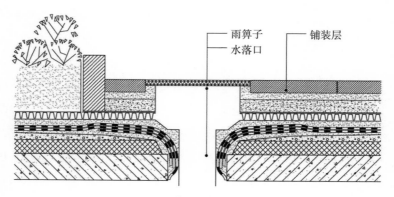

雨箅子
水落口
铺装层

图 2-6 铺装层上水落口做法图

#### 2.1.2.4　种植基质

　　为满足荷载安全要求，屋顶绿化种植基质不提倡直接使用地面田园土，建议使用改良土或人工无机基质。通过大量工程实践调查，本书提出适合屋顶绿化所用种植基质及其建议配比，常用种植基质的性能及常见改良土配比见表 2-3 和表 2-4。

常用种植基质性能　　　　　　　　　　　　　　　　　　　　　　　　　　　　表 2-3

| 种植土类型 | 饱和水容重（kg/m³） | 有机质含量（%） | 总孔隙率（%） | 有效水分（%） | 排水速率（mm/h） |
|---|---|---|---|---|---|
| 改良土 | 750~1300 | 20~30 | 65~70 | 30~35 | ≥ 58 |
| 无机种植土 | 450~650 | ≤ 2 | 80~90 | 40~45 | ≥ 200 |

常用改良土配比　　　　　　　　　　　　　　　　　　　　　　　　　　　　　表 2-4

| 主要配比材料 | 配比比例 | 水饱和容重（kg/m³） |
|---|---|---|
| 田园土：轻质骨料 | 1：1 | ≤ 1200 |
| 腐叶土：蛭石：沙土 | 7：2：1 | 780~1000 |
| 田园土：草炭：（蛭石和肥料） | 4：3：1 | 1100~1300 |
| 田园土：草炭：松针土：珍珠岩 | 1：1：1：1 | 780~1100 |
| 田园土：草炭：松针土 | 3：4：3 | 780~950 |
| 轻沙壤土：腐殖土：珍珠岩：蛭石 | 2.5：5：2：0.5 | ≤ 1100 |
| 轻沙壤土：腐殖土：蛭石 | 5：3：2 | 1100~1300 |

　　种植基质应具有质量轻、养分适度、清洁无毒和安全环保等特性，改良土有机质材料体积掺入量不宜大于20%；有机质材料应充分腐熟灭菌。改良土是在自然土壤中加入改良材质，减轻荷重，提高基质的保水性和通气性，种植基质厚度见表 2-5。

屋顶绿化植物基质最小厚度要求 表 2-5

| 植物类型 | 规格（m） | 最小基质厚度（cm） |
|---|---|---|
| 小型乔木 | $H$=2.0~2.5 | ≥ 60 |
| 大灌木 | $H$=1.5~2.0 | 50~60 |
| 小灌木 | $H$=1.0~1.5 | 30~50 |
| 草坪、地被植物 | $H$=0.2~1.0 | 10~30 |

注：最小厚度要求为植物所能生长的最低限度值，在荷载满足的条件下，建议增加基质厚度以满足植物生长所需。

## 2.1.2.5 种植设计

植物配置要遵循安全、生态、节约的原则。由于荷载所限，小型乔木或大灌木种植点建议位于建筑梁柱位置，保证荷载安全。

屋顶绿化小环境一般较为复杂，应综合分析影响因素，见表 2-6，合理选择植物种类，力求丰富。

屋顶绿化种植设计影响因素 表 2-6

| | 影响因素 | 注意事项 |
|---|---|---|
| 屋顶绿化种植设计 | 建筑形式、外观材料 | 植物种类色彩、外形、肌理构成等 |
| | 与周边建筑关系 | 俯瞰、近观或整体效果 |
| | 建筑朝向及光照情况 | 耐阴性、抗风、抗寒能力 |
| | 屋顶设备及构筑物 | 遮挡或美化 |

种植设计中还要注意树木定植点与女儿墙的安全距离应大于树高，屋顶绿化乔灌木高度大于 2.0m 时，要采取固定措施，主风向不应配置枝叶密集、冠幅较大的植物，树木支撑及牵引做法见图 2-7~ 图 2-9。

屋顶绿化绿地常见围挡有圆木、透水路缘、砖砌贴面石材、金属围挡等多种形式，具体做法见图 2-8。

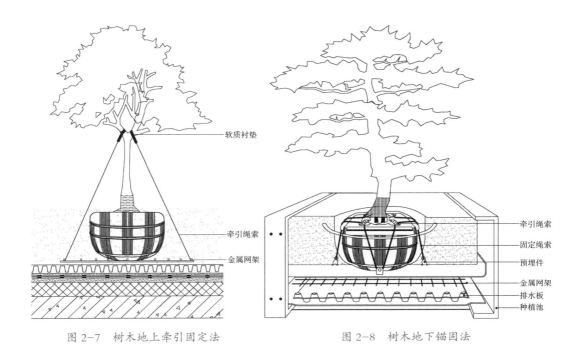

图 2-7　树木地上牵引固定法　　　　　图 2-8　树木地下锚固法

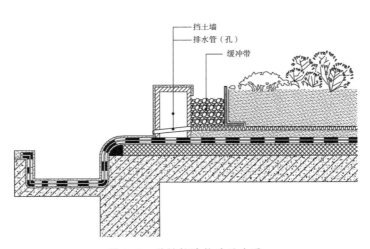

图 2-9　种植挡墙构造层次图

## 2.1.2.6　给水灌溉设计

　　屋顶绿化多选用滴灌、喷灌和微灌设施。大面积的屋顶种植宜采用固定式自动微喷或滴灌、渗灌等节水技术；小面积种植可设取水点进行人工灌溉，如有条件的建议设置按需灌溉的智能灌溉系统。

屋顶绿化灌溉用水注意不要喷洒至防水层泛水部位，不超过屋面绿地种植区域；灌溉设施管道的套箍接口应牢固紧密、对口严密，并设置安全泄水设施。

## 2.1.3 屋顶绿化施工

### 2.1.3.1 施工工序

通过实际工程总结和归纳，屋顶绿化的施工工序，主要包含以下几项主要内容：清理屋面、基础找平层；防水阻根层；防水保护层、排蓄水层及过滤层；种植基质填充、植物种植；土建工程；给水管道安装及照明设备安装、附属工程等；现场清理及后期养护管理工作。新建建筑和既有建筑又有所不同，具体施工流程见图 2-10 和图 2-11。

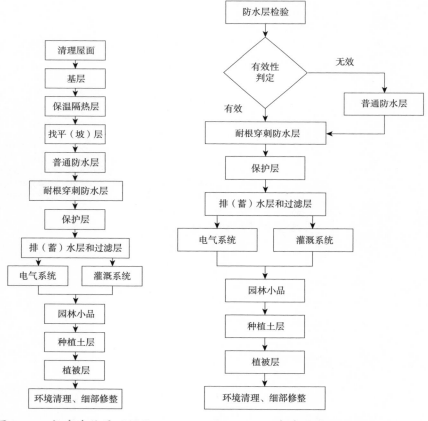

图 2-10 新建建筑屋顶绿化施工工艺流程图

图 2-11 既有建筑屋顶绿化施工工艺流程图

### 2.1.3.2 普通防水层

普通防水层的施工中卷材与基层建议满粘施工，坡度大于 3% 时，不得空铺施工；采用热熔法满粘或胶粘剂满粘防水卷材防水层的基层注意要干燥、洁净；防水层施工前，在阴阳角、水落口、突出屋面管道根部、泛水、天沟、檐沟、变形缝等细部构造部位设防水增强层，增强层材料应与大面积防水层的材料同质或相容；当屋面坡度小于等于 15% 时，卷材应平行屋脊铺贴；大于 15% 时，卷材垂直屋脊铺贴；上下两层卷材不得互相垂直铺贴。

此外，高聚物改性沥青防水卷材、自粘类防水卷材、合成高分子防水卷材、合成高分子防水涂料在施工中符合相关材料工艺要求。

### 2.1.3.3 耐根穿刺防水层

改性沥青类耐根穿刺防水卷材搭接缝要一次性焊接完成，并溢出 5~10mm 沥青胶封边，不得过火或欠火；塑料类耐根穿刺防水卷材施工前要试焊，检查搭接强度，调整工艺参数，必要时进行表面处理；高分子耐根穿刺防水卷材暴露内增强织物的边缘密封处理，密封材料与防水卷材应相容；高分子耐根穿刺防水卷材"T"形搭接处应作附加层，附加层直径（尺寸）不应小于 200mm，附加层为匀质的同材质高分子防水卷材，矩形附加层的角为光滑的圆角；不采用溶剂型胶粘剂搭接。

（1）聚氯乙烯（PVC）防水卷材和热塑性聚烯烃（TPO）防水卷材

施工时卷材与基层建议采用冷粘法铺贴大面积采用空铺法施工时，距屋面周边 800mm 内的卷材与基层满粘，或沿屋面周边对卷材进行机械固定；搭接缝采用热风焊接施工，单焊缝的有效焊接宽度不小于 25mm，双焊缝的每条焊缝有效焊接宽度不小于 10mm。

（2）三元乙丙橡胶（EPDM）防水卷材

施工时卷材与基层建议采用冷粘法铺贴；采用空铺法施工时，屋面周边 800mm 内卷材与基层满粘，或沿屋面周边对卷材进行机械固定；搭接缝应采用专用搭接胶带搭接，搭接胶带的宽度不小于 75mm；搭接缝采用密封材料进行密封处理。

（3）聚乙烯丙纶防水卷材和聚合物水泥胶结料复合防水材料

聚乙烯丙纶防水卷材采用双层叠合铺设，每层由芯层厚度不小于

0.6mm 的聚乙烯丙纶防水卷材和厚度不小于 1.3mm 的聚合物水泥胶结料组成；聚合物水泥胶结料按要求配制，建议采用刮涂法施工；施工环境温度不低于 5℃；当环境温度低于 5℃时，要采取防冻措施。

（4）高密度聚乙烯土工膜

建议采用空铺法施工；单焊缝的有效焊接宽度不小于 25mm，双焊缝的每条焊缝有效焊接宽度不小于 10mm，焊接应严密，不能焊焦、焊穿；焊接卷材铺平、顺直；变截面部位卷材接缝施工采用手工或机械焊接；采用机械焊接时，使用与焊机配套的焊条。

（5）喷涂聚脲防水涂料

基层表面应坚固、密实、平整和干燥；基层表面正拉粘结强度不宜小于 2.0MPa；喷涂聚脲防水工程所采用的材料之间应具有相容性；采用专用喷涂设备，并由经过培训的人员操作；两次喷涂作业面的搭接宽度不应小于 150mm，间隔 6h 以上应进行表面处理；喷涂聚脲作业的环境温度应大于 5℃、相对湿度应小于 85%，且在基层表面温度比露点温度至少高 3℃的条件下进行。

## 2.1.3.4 排（蓄）水层和过滤层

（1）排（蓄）水层

施工前根据现有屋面坡向确定整体排水方向；施工时与排水系统连通，铺设至排水沟边缘或水落口周边凹凸塑料排（蓄）水板建议采用搭接法施工，搭接宽度不小于 100 mm；网状交织、块状塑料排水板建议采用对接法施工，接茬齐整；排水层采用卵石、陶粒等材料铺设时，粒径大小均匀，铺设厚度符合设计要求。

（2）无纺布过滤层

空铺于排（蓄）水层之上，铺设平整、无皱折；搭接建议采用粘合或缝合固定，搭接宽度不小于 150mm；边缘延种植挡墙上翻时与种植土高度一致。

## 2.1.3.5 种植土层

种植土进场后不得集中码放，避免局部荷载过大造成安全隐患，及时摊平铺设、分层踏实，平整度和坡度应符合竖向设计要求；不得采取机械回填；摊铺后的种植土表面应采取覆盖或洒水措施防止扬尘。

### 2.1.3.6　植被层

（1）乔灌木种植

移植带土球的树木入穴前，穴底松土踏实，土球放稳后，拆除不易腐烂的包装物；树木根系舒展，填土分层踏实常绿树栽植时土球宜高出地面 50mm，乔灌木种植深度与原种植线持平，易生不定根的树种栽深宜为 50~100mm。

（2）草本植物种植

根据植株高低、分蘖多少、冠丛大小确定栽植的株行距种植深度为原苗种植深度，并保持根系完整，不得损伤茎叶和根系；高矮不同种类混植，按先高后矮的顺序种植。

（3）草坪块、草坪卷铺设

周边平直整齐，高度一致，并与种植土紧密衔接，不留空隙；铺设后及时浇水，并碾压、拍打、踏实，保持土壤湿润。

（4）植被层施工时灌溉

根据植物种类确定灌溉方式、频率和用水量；乔灌木种植穴周围要做灌水围堰，直径大于种植穴直径 200mm，高度宜为 150~200mm；新植植物在当日浇透第一遍水，三日内浇透第二遍水，以后依气候情况适时灌溉。

（5）防风固定

根据设计要求采用地上固定法或地下固定法；树木绑扎处宜加软质保护衬垫，不得损伤树干。

### 2.1.3.7　容器种植

容器种植的基层要按现行国家标准《屋面工程技术规范》GB 50345 中一级防水等级要求施工，并设置保护层。

容器种植施工前，按设计要求铺设灌溉系统；种植容器按要求组装，放置平稳、固定牢固，与屋面排水系统连通；避开水落口、檐沟等部位，不得放置在女儿墙上和檐口部位。

### 2.1.3.8　园林铺装

基层处理要坚实、平整，结合层粘结牢固，无空鼓现象；木铺装所用的面材及垫木等选用防腐、防蛀材料；固定用螺钉、螺栓等配件做防锈处理；安装紧固、无松动，螺钉顶部不得高出铺装表面；透水砖的规格、尺寸符合设计要求，边角整齐，铺设后采用细砂扫缝；嵌草砖铺设以砂土、砂壤土为结合层，其厚度不应低于30mm；湿铺砂浆饱满严实；干铺采用细砂扫缝；卵石面层无明显坑洼、隆起和积水等现象；石子与基层结合牢固，石子建议采用立铺方式，镶嵌深度大于粒径的1/2；带状卵石铺装长度大于6m时，要设伸缩缝；根据人体工程学，铺装踏步高度不大于160mm，宽度不小于300mm。

## 2.1.3.9 园林小品

花架等小品需做防腐防锈处理，立柱垂直偏差应小于5mm；园亭整体安装稳固，顶部要采取防风揭措施；景观桥表面做防滑和排水处理；水景设置水循环系统，定期消毒；池壁类型配置合理、砌筑牢固，为避免漏水，要单独做防排水处理；护栏做防腐防锈处理，安装应紧实牢固，整体垂直平顺。

## 2.1.3.10 其他设施

灌溉设施管道的套箍接口牢固紧密、对口严密，并设置泄水设施；灌溉用水不要喷洒至防水层泛水部位，不超过绿地种植区域。

电线、电缆要采用暗埋式铺设；连接应紧密、牢固，接头不要在套管内，接头连接处做绝缘处理。

## 2.1.4 养护管理

屋顶绿化施工完成后，能否发挥其应有的作用，养护管理质量至关重要。由于屋顶位置常处于高楼楼顶，与地面相比，具有风大、寒冷、干旱等特点因此养护措施的落实对景观效果的呈现起到了关键作用。

日常养护管理工作主要包括灌溉、苗木修剪、施肥、病虫害防治、除杂、排水管道清理、冬季防寒防火及设施维护工作。屋顶绿化特别是花园式屋顶绿化养护要达到特级或一级园林绿地养护标准。具体养护内容及注意事项见表2-7。

屋顶绿化养护内容 表 2-7

| 养护内容 | 注意事项 |
| --- | --- |
| 灌溉 | 遵循少量多次的浇水原则，人工基质建议增加浇水频次 |
| | 控制每次的浇水量，以排水层不排出水或排出少量水为宜 |
| | 冬季要根据植物基质含水量情况及时进行冻水补灌工作 |
| | 早春根据基质含水量情况及天气情况宜早于地面解冻水浇灌 |
| 施肥 | 根据植物的生长情况，控制植物的生长量 |
| | 肥料建议使用环保长效的无机肥或复合肥 |
| 修剪 | 为达到防风目的，需要定期对苗木进行修剪，特别是枝条密集的小乔木或灌木，修剪频次高于普通绿化 |
| | 保持良好景观效果，达到设计要求 |
| 有害生物防治 | 建议选用有物理防治和生物防治措施 |
| | 确需使用农药防治时，采用低毒、高效等环保型农药进行防治工作 |
| 排水管道清理 | 每年常规进行 1~2 次，在春季及时清扫雨落口与排水口 |
| | 暴雨期间及雨后，要及时进行巡查，保证排水的畅通 |
| 防火 | 春节期间及冬季火灾隐患较大时期，加强专人值守巡查 |
| 附属设施检修 | 定期检查电气照明设备设施，保证设备完好 |
| | 园林小品外观整洁美观，损坏及时修缮 |
| | 园路铺装、绿地围栏等应保持稳固、整齐 |

# 2.2 垂直绿化

## 2.2.1 建筑实墙绿化

建筑实墙绿化是指将植物（主要是草本类和灌木类）种植于墙面之上。如沿墙面的垂直方向设置组合式花槽，把包含底槽托架和多单元连体的花槽一次性固定在墙上，槽内装栽培基质；沿着墙面的水平方向镶嵌栽植板形成栽植槽，在墙面上设置好栽植槽后，栽植植物等。

### 2.2.1.1 设计荷载

建筑实墙绿化的实施首先要保证它的荷载安全，精确计算出龙骨、种植盆、水饱和种植基质层和植被层等总体产生的荷载。此外，还应特别注意一些特殊情况下增加的荷载值，如：植物生长增加的荷载、瞬时过强降水所带来的排水不畅导致的荷载增加等。

一般情况下植物直壁容器式的荷载值在 $0.40 \sim 0.75 kN/m^2$，布袋式或铺贴式的荷载值 $>0.40 kN/m^2$，框架牵引式荷载 $>0.30 kN/m^2$。其中直壁容器式和模块式包含所有结构配件及植物，植物盒中基质湿润情况下荷载约 $75 kg/m^2$，干燥情况下荷载为 $20 \sim 35 kg/m^2$；布袋式或铺贴式墙面绿化当厚度 $<5cm$，植物长成后水饱和时系统重量 $<10 kg/m^2$。

### 2.2.1.2 载体材料

建筑实墙按形式分可以分为规则形墙面和不规则形墙面。见图 2–12 和图 2–13。

（1）规则的墙面绿化可以使用种植盆、种植框等栽植形式

这种形式的立体绿化系统安装简便，组合方便、可选用常绿植物种类较多，运输方便，现场安装时间短，施工周期不长，施工后效果立竿见影，对于一些需要立马见成效的项目特别适用；自动浇灌，植物成活率有保证，可以有效地提高绿化普及率。下面以种植盒为例来说明种植载体的安装：

图 2-12　规则的墙面绿化

图 2-13　不规则的墙面绿化

1）基础安装

因种植盒式墙面绿化属于模块化墙体绿化，对于墙体的承重有一定的要求，需要在墙外增加骨架，因此龙骨的安装就要考虑横向龙骨和竖向龙骨两种。在安装龙骨之前要保证墙体的平整度，这样既方便龙骨的安装，又不会影响最终安装的整体效果。

①竖向龙骨的安装

在原有墙面或基础上打孔，用膨胀螺栓安装角码在原墙面，根据墙体的尺寸，将 20×40×2mm 镀锌方管或不锈钢方管切割，焊接在角码上，焊接的间距根据浸塑钢丝网片固定螺栓的距离确定，安装注意事项：

A. 需要注意的是镀锌方管的作用是支撑龙骨，而每一根竖向龙骨的长度为 500mm，为了固定横向龙骨，需要在每 500mm 的位置多布置一根镀锌方管。

B. 在竖向龙骨安装的时候还要特别注意龙骨的水平度。

C. 龙骨焊接的每一个焊接点都要涂上防锈漆，防止日晒雨淋后骨架生锈造成模块的坠落，由此而带来安全隐患，如图 2-14 所示。

图 2-14　竖向龙骨安装

②横向龙骨的安装

横向龙骨的材料一般也采用 20×40×2mm 镀锌方管，焊接间距一般为 400mm，可根据实际情况稍作调整，安装注意事项：横向龙骨安装的时候要注意参照对象，要么都以墙体顶部到龙骨顶部的间距为准，要么都以墙体底部到龙骨底部的间距为准，以免弄错尺寸，导致后续无法安装。如图 2-15 所示。

③钢丝网片的安装

用钻头在方管上穿孔，插入螺栓（螺栓的长度为 95mm$\phi$8mm），将预制好的浸塑钢丝网产品用螺母固定在螺栓上。

2）种植盒安装与整体修饰

①区域放线

因为现场的植物种植数是往往很多，很容易出现种植盒安装的位置出现偏差，为了提高效率、减少安装出错的风险，需根据图纸设计的植物种类和数量，对安装种植盒的区域进行放线。

②种植盒安装

首先在种植盒中填充混合基质，将苗木种植在每一个种植盒中，种植时注意调整植物的朝向，稍向外倾斜。再将完成种植的种植盒卡槽固定在浸塑钢丝网片上，固定牢固后，最后将灌溉管网的滴箭插入每一个种植盒。如图 2-16 所示。

③绿墙的修饰

植物墙安装好后还要进行整体的修剪，修剪的时候要注意均匀度和整齐度，要用抽剪和平剪结合的方式，绿墙有些位置比较空，露出内部的黑色布袋，就需要用包装带、钢丝等工具将附近的植物固定到空白的区域，以免影响美观。

（2）不规则的墙面绿化可以使用种植毯、种植袋等栽植形式

采用无纺布制作而成种植袋（毯）为植物种植载体，该载体可灵活组装，绿化形式不仅仅局限于建筑墙面、高架桥面，甚至女儿墙、护坡、办公室挡墙等不易绿化的地方都可以使用该载体，下面以种植毯为例来说明载体材料的安装。

1）墙面找平层施工

墙面结构层一般为砖砌体。在铺设保温防火层前，应对基层表面进行全面清理，将表面的凹起物、砂浆疙瘩、松动的砖及其他杂物清除干净，

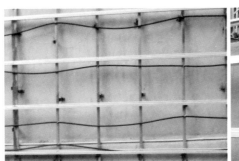

图 2-15　横向龙骨安装

图 2-16　种植盒安装

灰尘、砂砾、浮土等也一并清扫干净，随后用 1：3 水泥砂浆进行找平。找平层与基层的粘结应牢固，表面应平整、压光，不得出现松动、毛刺、起砂、爆皮等现象。

2）保温防火层及其保护层施工

墙面保温防火层一般选用耐火材料，如岩棉、耐火 EPS 板、无机活性保温房防水粉、防火漆等。保温防火层的保护层一般采用水泥砂浆，厚度宜为 30~50mm，其施工质量要求同找平层。

3）框架龙骨层施工

框架龙骨是种植毯式室内绿色植物墙的基础，直接固定在墙面上，起到支撑、隔离的作用，其施工要点如下：

①根据墙面高度和植物墙的荷载进行框架龙骨的规格、布设间距密度和材质选定。

②框架龙骨选定应保证防锈、牢靠、稳固，使用年限不低于 10 年。

③框架龙骨的固定配件应选择防锈的不锈钢或镀锌材质，使用年限和稳固性可靠。

④框架龙骨固定在墙面上，应注意固定的牢靠稳固性，必要时应与室内上下楼板相连接进行固定。

⑤框架龙骨离建筑物有一定距离，可以在不破坏原有墙体的基础上，构造绿墙，避免了渗水等问题，且拆卸方便。

4）固定防水层施工

固定防水层一般采用发泡 PVC 板、铝塑板、水泥板等材料，固定在框架龙骨上，起到支持、背板、防水的作用。固定防水层的施工要点如下：

①固定防水层是种植基质和种植层的基础，首先保证其具有固定功能，其次保证其具有防水功能。

②选择固定防水层材料时，首先保证其具有防水、耐腐蚀、耐锈蚀、硬度大、强度好、韧性强的特点，可作为植物基质和植物的固定背板。

③固定防水层固定在框架龙骨上，固定点的布设满足强度要求，固定防水层材料的规格满足种植基质和植物的荷载要求。

④固定防水层施工时注意接缝处的密封处理和防水处理，保证平整、无渗漏。如图 2-17 所示。

5）防潮层施工

防潮层是第二道阻水保护层，其主要作用是阻隔植物浇灌时产生的水汽，防止墙面潮湿。防潮层通常选择铝板、镀锌铁皮、TPO 防水卷材，PVC 防水卷材等材料，既轻便耐久，又便于施工不增加荷载。

防潮层固定在固定防水层上，固定点要密集牢靠，确保稳固。

防潮层施工时注意接缝处和固定点的处理，一个是平整度，一个是做

图 2-17　固定防水层安装施工

好防水处理。

6）种植毯保水层施工

种植毯保水层通常用两层或三层种植毯组成，种植毯的规格不低于300g/m²，材质要求：透气、保水、过滤、耐腐蚀、耐水湿。

种植毯保水层固定在防潮层上，逐层进行固定，保障牢靠稳固。铺设施工时，注意平整度、接缝处处理和收边处理。

种植毯保水层一般采用废旧纺织品再加工制造而成，吸水保水能力较强，且原料来源多，环保无污染，将废旧材料再生利用，节约资源，节约能源。

7）种植毯载体层施工

种植毯载体层是由一层或二层种植毯组成的，直接固定在种植毯保水层上。选择一层或二层种植毯取决于种植毯的规格，种植毯提供植物栽植的空间，并起到支撑作用。

种植毯载体层的材质要求透水、透气、韧性好、强度好、耐腐蚀，施工时牢靠固定在种植毯保水层上，保证紧密结合，表面平整。

8）种植植物层施工

根据种植设计图纸先在种植毯载体层上进行放样，划定不同植物种类和品种的栽植区域。

种植植物根据放样分割线进行植物配置栽植施工。施工步骤为：植物根系用无土基质进行裹根处理，外层用薄层无纺布进行包裹，在种植毯载体层上按栽植密度和植物根系的大小进行开孔，包裹好的植物直接放入种植毯载体层的开孔内，用固定配件将孔室固定封牢。如图 2-18 和图 2-19 所示。

图 2-18　植物种植　　　　　　　　图 2-19　植物种植完毕

### 2.2.1.3 种植土

建筑实墙绿化对种植基质要求比较苛刻，首先种植基质必须满足植物正常生长所需的营养；其次为了避免长时间干旱或强降雨对植物造成的不利影响，种植基质需要有一定的蓄水和渗水能力；在重量上，要求种植基质采用尽量轻的材料，同时在满足植物正常生长厚度的基础上还需要具备一定的护根能力。目前我国主要用的种植基质有自然土壤基质、人工改良土基质和轻量化基质三种。人工改良土基质一般用田园土、排水材料、轻质骨料及肥料按照一定比例组合而成。轻量化基质是根据土壤性状和植物生长特点，在基质中掺入了植物生长所需的非金属矿物质。

建筑实墙绿化中最常用的种植土有堆肥土和泥炭土，除了少许特殊植物，这两种土壤适合多数植物生长。下面主要介绍几种常用的种植土，如图 2-20 所示。

泥炭土是埋在地底数万年腐化后所产生，质地疏松，保水保肥能力好，是现在最普遍使用的栽培基质。这类土壤质地轻、疏松透气、保水保肥能力强、含有一定有机质、一般无虫卵病菌。几乎是花卉栽培中不可缺少的一种植料，配置营养土时常用泥炭土与其他植料按比例混合。

珍珠岩质地非常轻，轻到一浇水就浮起来，犹如泡沫一般。通常与泥炭土混合使用。珍珠岩质地轻、排水性好、透气性好、价格便宜。

椰糠是近几年流行起来的栽培基质，是由椰子外壳纤维加工而成。它质轻、保水性能强、环保。椰糠虽保水性能强，但没什么养分，所以不建议用全椰糠种植物（若用全椰糠需用有机肥做底肥，再定期追肥），可与泥炭土、珍珠岩等混合使用。见图 2-20。

泥炭土　　　　珍珠岩　　　　椰糠　　　　稻壳灰

图 2-20　几种常用种植土原料

稻壳灰含有一定的钾肥，碱性比较高，不适用于种植喜酸性土壤的花卉（例如茉莉、栀子），但喜欢偏碱性土壤的植物就非常适合（例如铁线莲）。

因此我们在选择种植的土壤时，一般不是单一成分的植料，而是由多种植料按一定比例混合而成，应做到疏松透气、保肥保水能力强、排水性强。

## 2.2.1.4　植物材料

### （1）植物材料的选择

建筑墙面绿化是城市绿化中的一种新形式，绿化植物的生长环境与地面截然不同，包括土壤、温度、水分、光照等。详见表 2-8。

**影响植物生长的因素**　　　　　　　　　　　　　　　　　　　　　　表 2-8

| 环境因子 | 建筑实墙绿化与地面差异性 |
| --- | --- |
| 土壤 | 土层较薄较轻，植物根系生长受土壤空间限制 |
| 温度 | 屋面温度变化大，突然的高温与低温有可能造成植物烧死或冻死 |
| 水分 | 高层建筑屋顶湿度相对较低 |
| 光照 | 屋面光照时间较长 |

墙面绿化种植土层相对较薄，接受阳光时间较长，湿度较小，温差变化大，因此，植物选择时尽量选择一些抗旱、抗寒、耐热、喜光和生命力强的种类或品种。选择时多选根系发达的植物，尤其是水平根系发达并且能在较薄基质中生长的植物。种植植物时，植物种类或品种尽量选一些小灌木、草本被植物等，不仅考虑即时效果，还需考虑未来绿化植物的生长荷载增量。

### （2）植物设计

#### 1）美学原则

只要是设计必须要有美感。为了体现实墙绿化的艺术美，必须通过一定的途径，可以使其构图合理、色彩协调，形式和谐。实墙绿化不是绿色植物的简单放置或种植，是园艺艺术的进一步展现。绿色植物设计中，树形、色彩、线条、材质和比例都要有一定的差异及变化，同时它们之间又要保持一定的相似性，使其具有整体感，遵循调和的原则，增强植物间的相互联系与配合，提高观赏价值。

2）实用原则

从绿化空间的性质和功能要求出发，做到装饰美学效果与实用效果的统一。如书店是读书和创作的场所，应种植清新典雅的植物，创造一个安静、优雅的环境，使人在学习之余，消解疲劳，从而使植物起到镇静悦目的功效。

3）经济原则

只有适应经济原则才能够保持长久。设计过程要根据室内结构、建筑装修和室内风格的要求，选择适合经济水平的格调和档次，还要根据室内环境特点和用途选择相应的植物及装饰器物，才能使装饰效果保持更长时间。

## 2.2.1.5　养护管理

（1）水分控制

水分控制采用自动浇灌系统，室外浇灌频率一般为夏季每周 5~6 次，春秋季每周 3~4 次，冬季适当补水，每次 20~30 分钟；室内浇灌频率夏季在每周 4~5 次，春秋季每周 2~3 次，冬季每周 2 次，每次 10~20 分钟；水分人工喷洒补水，洒水频率与自动浇灌相同，每次浇灌以浇湿叶面为准，天气炎热每天可喷洒 2~3 次。

（2）光照控制

保证自然光或灯光光照每天 8 小时以上。

（3）温度控制

室外夏季气温过高（日间 30℃以上）时，可使用遮阳网进行保护，冬季温度过低（夜间 0℃以下）时，可对植物覆盖塑料膜。室内气温 10℃以下或 26℃以上时，空调保证每天 24 小时打开，冬季室内温度保持在 10℃以上，夏季室内温度保持在 30℃以下。空调换气保持室内通风，避免大门室外冷暖风直吹植物。

（4）病虫害防治

空气干燥植物缺水时，易染病虫害，春秋天需要进行病虫害防治。根据所选植物的病虫害发生规律，以预防为主，在病虫害爆发前用药进行喷施。及时检查是否有虫卵、幼虫危害，避免携带虫源接触植物。通常药物在早春 4 月以前喷施，秋季 9 月份左右喷施。防治药物以低毒、高效杀虫剂为主，药物用法用量按照说明书所示使用。

（5）定期施肥

种植一月后需要开始施肥。施肥次数每周 1 次左右，将有机缓释肥料按照肥料说明书上所示的比例溶于水中进行自动施肥，或采用人工喷洒的方式喷施肥料。

（6）植物养护

新植植物每天需要进行叶面喷水；发现枯萎叶片及时修剪以免阻碍新芽的生长，植株死亡需及时更换以免影响美观。

（7）设备维护

如果安装了自动灌溉系统需对设备进行定期检修，一般每周两次，检查管网、滤芯、滴头、控制器等灌溉设备是否正常工作。确保控制箱内设备安全，避免断水断电。冬季降温到 0℃ 以前需对管件进行保温处理。

## 2.2.2　建筑阳台绿化

建筑阳台绿化技术是指利用市场上常见悬挂型、摆放型和附着型的装配式绿化种植容器，对建筑物或构筑物的阳台、窗台等区域进行绿化，内容包含：容器选择、安全固定、水肥管理、植物配置、日常养护以及建设和维护成本等。

### 2.2.2.1　设计荷载

根据我国目前结构荷载计算通行使用的《建筑结构荷载规范》GB 50009—2012 第 4.1.1 条可知：一般情况下，阳台的楼面均布活荷载标准值取 $2.5kN/m^2$，根据不同需要乘以相应的系数得出阳台的极限荷载，出于安全角度考虑，每平方米放置 250kg 以下物品，都不会造成重力伤害，这就要求我们不能采取大理石或混凝土浇筑的盆器，尽量以轻型材质为主。一般高层建筑或建筑周边人群密集的区域不建议建设外立面的阳台绿化，因为随着建筑楼层的增高，阳台风力也涉及安全问题，部分工程可以根据风力情况，采取必要的措施加以固定。

## 2.2.2.2 载体材料

载体材料根据绿化形式的不同进行选择，考虑到载体容器的功能性、固定方式或应用位置等自身或环境因素，本书将载体材料（容器）主要分为摆放型、悬挂型、附着型。如图 2-21 所示。

悬挂型              摆放型              附着型

图 2-21　几种常见载体类型

（1）摆放型阳台绿化

根据阳台或窗台的室外具体摆放区域条件，通过住宅外檐口摆放式绿化模块实现室外装配式绿化方案，其景观形式主要是以直立型植物为主，搭配少量轻型垂挂植物，防止意外掉落。该方法针对既有建筑外立面改造和美化。

（2）悬挂型阳台绿化

根据阳台或窗台的室外具体悬挂结构条件，通过住宅外檐口悬挂式绿化模块实现室外装配式绿化方案，适用于半封闭或开阔式阳台与窗台区域等，其景观形式主要是以垂挂或直立型植物为主。该方法针对既有建筑外立面改造和美化。

（3）附着型阳台绿化

该方案一般是以室外墙面绿化模块或攀缘植物来实现，对阳台或窗台檐口周边的墙面进行绿化附着。在室外景观整体管控方面，因为养护存在一定的难度，一般由建筑开发商要求，统一施工与管理。室外墙面绿化技术包含：墙面种植毯、绿化模块等形式。该方法针对新建建筑外立面设计初始介入。

### 2.2.2.3　容器选择

（1）容器材质选择

以高分子聚合物材料制作且表面附有防护涂层两种以上的才能够符合建筑阳台绿化解决方案的使用条件，选择标准见表 2-9。

阳台绿化容器选择标准　　　　　　　　　　　　　　　　　　　　　　　表 2-9

| 阳台绿化容器类型 | 制作材料 | 建议使用区域 | 涂层 |
|---|---|---|---|
| 轻质多功能型 | 环保 PP 注塑 | 通用 | 色母粒 |
| | 玻璃钢 | 通用 | 氧化锌 |
| 天然外观型 | 防腐木 | 有一定承重力的建筑 | 石墨涂层 |
| 不锈钢型 | 不锈钢 | 承重性较高的建筑 | 紫外线吸收剂 |

下面是上表所述材料的理化性质，因近年来化工、冶金等科技领域技术的不断发展，本材料所描述的数据参数仅在所述几年内作为参考：

1）环保 PP 材料类（聚丙烯）

聚丙烯为无毒无味，绿色环保，可循环利用的乳白色高结晶的聚合物，密度只有 0.90~0.91g/cm³，是目前所有塑料中最轻的品种之一。聚丙烯具有良好的耐热性，制品能在 100℃以上温度进行消毒灭菌，在不受外力的条件下，150℃也不变形。脆化温度为 -35℃。

2）玻璃钢类

纤维强化塑料，一般指用玻璃纤维增强不饱和聚酯、环氧树脂与酚醛树脂基体，以玻璃纤维或其制品作增强材料的增强塑料，称为玻璃纤维增强塑料，或称为玻璃钢，不同于钢化玻璃。

3）防腐木类

防腐木是将普通木材经过人工添加化学防腐剂之后，使其具有防腐蚀、防潮、防真菌、防虫蚁、防霉变以及防水等特性，能够直接接触土壤及潮湿环境。

4）不锈钢

不锈钢是指耐空气、蒸汽、水等弱腐蚀介质和酸、碱、盐等化学侵蚀性介质腐蚀的钢，又称不锈耐酸钢。另外，合金类也是由依照不锈钢材质掺入一些特殊金属制成。

5）PVC 材料类（聚氯乙烯）

PVC 材料在过氧化物、偶氮化合物等引发剂；或在光、热作用下按自由基聚合反应机理聚合而成的聚合物，其质量轻，在低于 60℃下不易变形，脆化温度根据其中的添加剂材料的不同，在 −30~−25℃。

6）陶瓷类

陶瓷是陶器和瓷器的总称，目前市场上最常用的种植容器都是陶瓷制品，陶瓷具有稳固的化学性与物理性，但其易碎且密度较大，具有一定的风险性，不适合室外大面积应用与推广。

（2）容器功能选择

根据市场调研的情况来看，目前市面上的容器功能主要分为以下两种：常规盆器与多功能蓄水型盆器。常规盆器由于功能单一，制作材料无法满足阳台绿化需求，所以本书推荐综合各项技术集成且材质轻盈的蓄水型半自动上水盆器作为种植载体。蓄水型盆器一般是由蓄水外盆，内胆种植盒用嵌套的形式结合。当然还有部分产品具有其他技术与结构功能，但其水气运行的主要原理都是模仿大自然地下水灌溉的形式，达到科学灌溉的目的，即低影响开发下的种植系统原理。

## 2.2.2.4 容器固定

目前国内外的阳台种植容器固定方式较为单一，仅直接固定与辅助件固定两种固定形式：

直接固定方式是指容器在设计上本身具有可固定件，一般容器固定的方式主要有：侧面固定；顶端固定；背部固定；底部固定。

辅助件固定方式是指容器主要依靠挂架、防滑垫、卡条、钢丝或钢条等非容器本身固定件，结合建筑物或构筑物的外型结构对容器进行固定的一种方式。见图 2-22。

## 2.2.2.5 灌溉方式

阳台绿化的灌溉方式主要分为两种：蓄水型半自动灌溉与外设全自动灌溉系统，灌溉方式的选用主要是依据工程需求水量与施工条件所决定的，外设型灌溉铺设技术可以参照墙面绿化的灌溉技术。

图 2-22　辅助件固定容器

（1）蓄水型容器自身灌溉

该方式主要是通过选用蓄水盆器，定期以人工或自动的方式将蓄水槽注满，再通过种植容器本身的设计原理，使得蓄水槽水分自动到达植物根部，从而达到自动上水的功能。该方式的建设成本低于灌溉系统的建立成本，但需要耗费一定的人工时间，不适宜无法定期在家的住户使用。

（2）外设全自动灌溉系统

根据现场的绿化施工现状，额外设计安装全自动化或半自动化的灌溉管网系统，外设的灌溉系统能够根据具体的项目情况进行针对性的灌溉，便于养护的科学管理、省时省工，该技术一般适用于所有种植容器，且可以根据客户所需的各项需求进行组件搭配使用，实用性强，自动化程度高。

## 2.2.2.6　阳台绿化基质解析

建筑阳台绿化由于绿化形式多样，植物选择种类丰富，难以用一类或几种基质进行固定栽培，所以在建筑阳台绿化基质的选择与应用中，需要根据具体的情况对基质进行结构及用量解析。

（1）基质厚度

各种不同的花木，生态习性不同，在配制培养土时，应根据花木的不同要求加入各种化学肥料，配制适合其生长发育的培养土。原则上土壤应疏松通气、保水保肥，且呈中性或弱酸性。根据阳台植物所处环境要求，应采用无土栽培，质地轻、容重小、通透性强、保水保肥好的混合基质，比如用珍珠岩、树皮、陶砾、草炭等进行配制。基质厚度根据盆器高度，一般将种植基质的厚度控制在容器整体的 2/3~3/4，留部分空间，防止梅雨时节雨水流入过多致使盆内泥水漫出。

（2）基质重量与配比

阳台园艺所选用的栽培基质根据不同的重量需求，选择的配比也不尽相同，例如摆放型阳台绿化由于其多数重心力由建筑结构承担，且主要固定力为底面摩擦力，那么在基质选择上以重量较重的基质选择为佳；像悬挂型阳台的着力方式主要是以点的形式存在，如果基质过重，可能会对建筑物或构筑物造成一定的损害，所以要选择轻型基质进行种植，在不影响植物存活率的情况下，根据基质配比，结合多年来的实际种植效果，将基质的重量划分为以下几个等级，见表 2-10。

基质重量配比表　　　　　　　　　　　　　　　　　　　　　　　表 2-10

| 基质类型 | 草炭 | 园土 | 珍珠岩 | 陶砾 | 树皮 | 湿容重 kg/m² |
|---|---|---|---|---|---|---|
| 超轻型基质 | 50% | | 30% | | 20% | 600~700 |
| 轻型基质 | 50% | 10% | 30% | 10% | | 780~1100 |
| 中型基质 | 20% | 30% | 20% | 10% | 20% | 850~1200 |
| 重型基质 | 20% | 50% | 20% | 10% | | 1100~1300 |

## 2.2.2.7　植物种植

（1）植物色彩设计

阳台景观色彩的运用不能单独进行，应根据整体环境确定一个主色调，再搭配与主色调相协调的其他色彩，切不可色彩上对比过于强烈，太强烈容易造成居住者在感官上的不适。在植物设计时，应考虑植物的色彩变化与周围环境的色彩相协调，色彩过渡要柔和。

合理的色彩搭配运用到植物配置中，可以使原本狭小的阳台空间丰富多彩起来，较小的空间会变得错落有致，而且选择不同的色彩会营造出不同的视觉效果。例如，如果要搭配出动感的效果，红色、绿色、蓝色的搭配效果最佳；而柔和、优雅、温馨的阳台景观，浅色系的搭配最佳，比如粉红、粉紫等。

1）盆器与墙面色彩

盆器的颜色选择要与现有建筑的外墙壁颜色相统一或者相近。从而避免出现建筑色调素雅，而盆器颜色过于鲜艳，或者建筑色彩亮丽，但是盆器配色暗哑无光所带来的不协调感。

2）盆器与植物色彩

植物种植在盆器之中。植物和盆器作为一个整体，其色彩选择要充分考虑到盆器的材质、风格、特征以及配色情况。植物色彩多以绿色为基调，可以运用花朵或者观叶植物进行色彩上的跳色。跳色的选择应该与盆器的色彩形成呼应，达到互为补充的效果。

3）植物与植物色彩

阳台景观的色彩搭配，因受其空间尺度影响，种植的植物不宜过多，要少而精，绿色应作为主色调而应用其中，合理运用色彩学原理进行植物选择。例如，常绿植物与彩叶植物的配植，叶色变化与花期、果期变化的合理搭配，植物色彩与周围环境的统一协调等。随着四季更替，植物的枝叶呈现出由浅及深的色彩变化，最后枯黄叶落，这个过程绚丽而多姿，极具观赏美感。虽然植物的花色和果色只能呈现一时，但是就是这一时之美，也让人珍惜和留恋。

（2）体量搭配

1）植物与盆器体量

选择盆器时，可根据植物的特点和业主的需求挑选合适的盆器。盆器的大小、高矮要合适，花盆过大，不协调，影响美观。盆器大而植株小，植株吸水能力就弱，浇水后，盆土易积水，会导致花木呼吸困难、烂根。盆器过小，显得头重脚轻，盆土营养少，影响植株根部发育。所以，花盆盆口直径要大体与植株冠径相衬。带有土球的植株，栽植后，四周要留有 2~4cm 空隙，以便增添新土；没有土球的植株，根系放入容器后，要能够使根系舒展开，不宜弯曲，如果根系过长，可适当修剪后再栽植到盆器里。

2）植物与植物体量

植物与植物之间也要注意体量的关系，良好的体量组合，可以让盆器内的植物看上去更加饱满，造型丰富。植物之间体量也要考虑主次有别，重点凸显的株苗，应占容器体量的 25%，背景打底所用的植物体量不宜过大，穿插点缀的植物数量，所占植物比例为 10%。

（3）植物线条搭配

1）平面设计

平面设计中需注意植物的分配布置，将主体植物放置中心偏一次的位置，切不可完全对称布置。大叶大花植物应围绕主体植物依次配置，边侧植物不宜过大，起到点缀的作用。

2）立面设计

立面设计应考虑到植物高低错落对比，高层植物布置在后排，前口留给低矮的观叶植物。同时需要注意巧妙利用垂挂植物和攀爬植物，作为生态前景点缀容器表面，丰富立面景观效果。

## 2.2.2.8 养护管理

（1）绿化水肥管理

因为种植容器普遍选择的是具有蓄水功能的容器，只需通过盆器的水位控制器，把控容器内的蓄水量，模拟自然界植物供水原理，使得管理者能够简易快捷地管理水肥，从而保证植物成活率。

（2）设备维护

阳台绿化的相关设施及构件应按照相关规定定期检查维护，超出有效期的结构件、连接件应及时更换；为防止搭接部分、螺钉和螺母的松动，在梅雨季节后、台风后、植株落叶时要加强维护和检修力度；涉及用电的设备，例如全自动灌溉与照明的设备，需要定时检查线路安全。

（3）其他注意事项

阳台蓄水型容器种植技术养护需要重点考虑，盆器内的蓄水情况和植物的生长情况，同时还应注意以下几点。

1）灌溉系统应定期维护保养，防止滴、漏、渗及堵塞等现象，冬天应做好保温防冻措施。

2）植物日常养护需主要关注容器内的水分储存量或远程监控灌溉系统是否能够运作，修剪时要注意人身安全。

3）应根据植物生长季节和长势选用高效肥进行补给，建议每月至少施肥1次，保证植物生长旺盛，无叶黄或缺肥性病害。

4）春夏病虫高发时，对植物进行适当生物防治或喷药处理。

### 2.2.3　单位围栏绿化

单位围栏绿化可使用观叶、观花攀援植物间植绿化，也可利用悬挂花卉种植槽、花球装饰点缀。棚架绿化宜选用生长旺盛、枝叶繁茂、开花观果的攀缘植物，常见如紫藤、凌霄、藤本月季、忍冬、金银花、葡萄、牵牛花等。同时可视建筑物的质地、体量以及环境要求来选择合适的植物材料。

对于老建筑，多采用吸盘式攀缘植物攀附在墙面，起到美化环境、降温、保湿的作用。设立围栏的地方一般来说光线及通风条件都是比较理想的，但由于多半靠近道路与庭院边缘，其土壤肥力较差、污染源多，加上人为破坏等不利因素，这些无疑会对植物的生长造成危害，因此围栏的植物配置宜选择喜光、抗风、耐寒、耐贫瘠、抗污染并具有自身保护能力的藤本植物。见图 2-23。

图 2-23　公司围栏绿化

### 2.2.3.1　设计荷载

具体的设计荷载可参考建筑实墙绿化，植物要求也对建筑物的重量荷载有充分考虑，一般来说要求植物轻质化、体型小巧，如小型灌木、花卉、草本植物、攀缘类植物等运用较多。

### 2.2.3.2　载体安装

实墙的载体安装可参照建筑实墙绿化部分，下面以藤本植物栽植载体为例说明。

（1）立面支撑钢构焊接

为了保证支撑钢构的承载力，钢构的规格根据建筑的高度进行计算。需在立面上打入化学螺栓和预埋板对钢构进行焊接和螺栓锚固。钢构一般采用镀锌方钢，焊接横向水平，竖向垂直，焊接处必须进行防腐处理，刷防锈漆。

（2）钢丝绳牵引安装

牵引钢丝绳的选择一般采用多股的不锈钢钢丝绳，钢丝直径 3~5mm，牵引横向间距 200~500mm，竖向间距 2000~5000mm。钢丝绳安装时需平行绷紧，接头绳扣装牢，避免松垮。

（3）种植槽安装

种植槽一般根据设计进行预制加工，采用不锈钢材质。深度 400~600mm、宽度 300~400mm、长度 2000~4000mm，底面或侧边间隔 2000mm 留 $\phi$50mm 排水孔。不锈钢种植槽制作焊接时需满焊，接口做防水处理。在安装时种植槽摆放需水平。

（4）种植槽内基层处理基质回填

种植槽内的基层处理主要有排水口过滤网安装、导水透气软管摆放、陶粒回填、过滤无纺布铺设、种植基质回填。过滤网安装应凸面向上，防止堵塞。陶粒层回填厚度与透水软管直径一致，过滤层铺设需高于种植槽侧边，基质回填需低于种植槽侧边，防止回填的基质流失。

## 2.2.3.3 种植土

种植土的选择标准可参考建筑实墙绿化及建筑阳台绿化，结合实际情况进行选择，因为采取的绿化形式基本类似，故本书就此不再多余论述。

## 2.2.3.4 植物种植

以攀缘植物为例来说明单位围栏绿化植物的种植，其余的植物种植可参考建筑实墙绿化。苗木种植根据气候条件，因地制宜地采用常绿藤蔓植物，脱盆种植于种植槽基质内，再将植物的藤蔓牵引绑扎到钢丝绳上。植物根部要完全埋入基质，才能使灌溉的水完全渗透到植物。牵引绑扎采用可风化降解或可自松绑材料。

攀缘植物的种植方式可分为两种，地栽式和设置种植基盘。

（1）地栽式

地栽式种植攀缘植物较为常见，既利于植物生长也便于对植物的日常维护，有时也与墙基花池相结合，沿建筑墙面进行布置。植物的种植宽度一般在 0.5~1m 之间，土壤厚度 0.45~0.5m 比较适宜，植物距离墙面一般都在 15cm 左右。这样栽种不会对植物根系生长造成限制，便于后期维护和浇水。

（2）设置种植基盘

在不适宜地栽式种植方式时，往往通过设置种植基盘来满足植物生长要求。种植基盘的大小应根据种植植物的具体情况确定，保证提供足够的生长基质满足植物的生长需求。使用攀缘植物进行垂直绿化时会受到植物生长高度和生长时间的约束，限制了形成绿化面的高度和完成绿化面的时间。而种植基盘可在建筑上灵活布置。例如采用分层布置种植基盘的方式，使攀缘植物分层生长覆盖墙面，这样就缩短了绿化完成时间也弥补了植物生长高度的不足，通过种植基盘的灵活设置可完成对高度较高面积较大建筑物的垂直绿化。

（3）生长路径

为了引导攀缘植物按照一定的路径生长，形成特定的构图或形式，使得绿化效果更加可控，从而达到所需的景观效果和生态效果。往往需要设置攀爬网架或其他构架来辅助植物生长。

## 2.2.3.5　养护管理

植物栽种后往往要经过或长或短的生长期才能形成最终的绿化效果，所以对植物的养护和管理是达到预期设计目的关键，而在植物形成绿化效果后同样需要对植物进行养护和管理才能使得绿化效果持久。在设计之初就应对养护和管理难度有所估计，并将养护和管理作为设计的一部分，贯穿在设计的始终。

（1）日常浇灌

垂直绿化受到生长环境的限制较大，浇灌系统至关重要，特别是在建筑西墙绿化中如果盛夏不能及时浇水，绿化植物容易枯萎甚至死亡。另外，合适的水量不但利于植物生长而且还有降温的作用。目前垂直绿化中运用的较普遍的灌溉方式有人工灌溉、机械喷灌和滴灌法。

（2）墙面排水

供水固然重要，但是排水也一样重要。排水不但要将灌溉中多余的水量排出，还要特别考虑在雨季如何将大量的雨水排出，否则会影响植物正常生长甚至导致植物死亡。

（3）施肥

施肥的目的在于提高生长基质的肥力保证植物正常生长，垂直绿化植物的基质中养料非常有限，对植物进行追肥是非常有必要的。由于垂直绿化布置生长基质的空间较狭小，植物的生长位置一般也都远离地面，所以不适合使用固体肥料。一般的做法是将肥料溶于水中，再通过灌溉系统浇灌到土壤中，形成追肥效果。

（4）修剪和理藤

一方面，通过对植物的修剪和理藤，可以使植物的生长达到设计要求，形成美观的绿化效果，对植物的修剪和理藤本身就是垂直绿化设计的一部分。另一方面，适当的修剪可以去掉枯萎、瘦弱或疯长的植物枝叶，保证植物根部的吸收能力，使绿色植物快速健康地生长。

## 2.2.4 道路护栏（网）绿化

在道路设施中，起人车分流和保护作用的花架、围栏、栏杆最常见的立体绿化形式就是护栏绿化。在道路护栏（网）放置立体花箱、种植槽或立体绿化模块等容器来种植植物的一种立体绿化技术。该形式主要运用于道路分车绿带、中间隔离带中，主要作用于分流自行车道与机动车道，栏杆结合小型模式化种植槽或立体花箱，一般运用一些浅根性、抗旱性、耐贫瘠能力较强的植物造景，既能够依附栏杆发挥分车作用，又能为城市道路增添绿色，该形式也运用于一些廊架的绿化。

### 2.2.4.1 设计荷载

由于道路护栏绿化的前提是不可遮挡行人或行车路线，一般选择的绿化载体都是质地轻盈且体积较小的绿化种植容器。一般荷载根据护栏的材质与固定方式而定，荷载的重心一般以受力平衡点水平分布。以铁制道路护栏为例，容器式的荷载值在 $0.40\sim0.55\mathrm{kN/m^2}$，立体化箱荷载 $>0.25\mathrm{kN/m^2}$。其中容器式和模块式包含所有结构配件及植物，植物盒中基质湿润情况下荷载约 $25\mathrm{kg/m^2}$，干燥情况下荷载为 $10\sim15\mathrm{kg/m^2}$。

### 2.2.4.2 载体材料

道路护栏（网）绿化的载体材料一般都为悬挂式种植槽、模块式容器或立体花箱，涉及模块式、框架式、种植容器式、网片式、花器吸附式和绿篱式等形式。载体的材料应具有一定的耐热性、抗紫外线性好等特点，整体质量应符合《园林绿化工程施工及验收规范》CJJ 82 和《园林绿化工程施工及验收规范》DB11/T 212 的规定。

### 2.2.4.3　种植基质

道路护栏绿化的种植基质宜疏松、透气、保水、保肥，通常由泥炭、珍珠岩和有机肥等混合组成，基质需具有轻盈，有机损耗小，符合设计植物的栽植特点，其理化指标应符合表 2-11 的规定。

基质理化指标标准表

表 2-11

| pH 值 | EC 值（ms/cm） | 有机质（g/kg） | 容重（kg/dm³） | 通气孔隙（%） | 石灰反应（g/kg） | 石砾 | |
|---|---|---|---|---|---|---|---|
| | | | | | | 粒径（cm） | 含量（%） |
| 6.0~7.5 | 0.5~1.5 | 5~30 | 0.8~1.3 | 8~15 | <10 | ≥ 3 | ≤ 5 |

### 2.2.4.4　植物材料

（1）经济性原则

在发展节约型园林的大环境下，道路围栏（网）绿化景观的营造需要考虑可持续发展的问题，可在植物配置中选择较为耐旱、适应性强的植物来达到节水的目的，采用新型节约型园林栽培技术来进行道路围栏（网）绿化景观的营造。植物应以常绿小灌木或多年生草本植物为主，同时具有适应道路环境生长的特性，抗逆性强、生长缓慢、维护简单等特点的植物种类。

（2）时效性原则

城市道路围栏（网）植物除了要因地制宜，也要做到因时制宜，起到迅速增添城市绿色的作用，有效利用植物的季相特征如花期、花色、果期、叶色、生长速度等，营造较为丰富的景观效果。道路护栏（网）绿化植物选择宜优先选择经过预培的容器苗，可以提高苗木成活和加快成型速度，满足其即时的绿化需求。

（3）美学性原则

结合美学原理，发挥植物美学优点，结合艺术主题进行具体配置，注意植物形态、色彩、季相等自身特色，从多个方面体现道路围栏（网）绿化植物造景所达到的美。

（4）生态性原则

由于道路围栏（网）绿化的植物具有调节小气候，吸收空气中的有害气体，阻滞噪声等生态方面的功能，所以因地制宜地选择地域性植物，提高植物的环境适应性，最大限度地发挥植物的生态功能，提高环境质量。

（5）以人为本原则

道路围栏（网）绿化景观首先要满足道路交通的功能，有效对人流、车流进行组织和统筹，在确保交通安全且流畅的基础上满足行人的生理、心理及行为需求，并且考虑到行人、车辆对植物景观所产生的需求。例如垂挂型藤本植物宜选择适应本地气候特点、无刺、垂挂性强的植物，在满足视觉美学的同时，不会影响道路交通安全。

## 2.2.4.5 养护管理

（1）植物养护

植物景观不仅需要考虑造景设计所达到的景观功能及效果，尤其需要注重后期景观的维持，故加强后期养护管理显得尤为重要。道路护栏针对攀援植物生长迅速容易枝条下垂并长势杂乱的特点，需加大对其的人工及经济投入，及时进行修剪和牵引。

（2）安全管理

安全作为一个道路植物养护的重要方面，一方面是植物安全，水肥管理按照需要及时进行，否则会影响植物的生长。定期更换道路中的时令花卉，定期检查浇灌设施，及时补给植物生长所需的肥料，才能使得立体绿化的景观效果更长久。

另一方面是道路围栏（网）绿化养护人员的安全，车辆停放或人员养护时，需设置专门的交通路障，尽量挑选交通流量小的时段进行，有条件的情况下，最好能够安装远程自动灌溉系统，减少人员到现场的概率。

#### 2.2.4.6　智能管控

注意着重考虑道路围栏（网）绿化的防漏和承重，在养护方面加大技术投入，将养护管理与智慧管理手段相结合，达到能够随时检查的效果。

### 2.2.5　挡土墙绿化

挡土墙是防止土坡坍塌、截断土坡延伸，承受侧向压力的构筑物，是工程中解决地形变化、地平高差的重要手段。在挡土墙横断面中，与被支承土体直接接触的部位称为墙背。与墙背相对的、临空的部位称为墙面。与地基直接接触的部位称为基底。与基底相对的、墙的顶面称为墙顶。基底的前端称为墙趾。基底的后端称为墙踵。如图 2-24 所示。

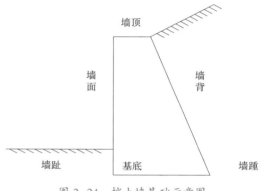

图 2-24　挡土墙基础示意图

挡土墙的绿化属于垂直绿化的范畴，主要是突出立面上的变化，丰富挡土墙的立面景观效果。植物与挡土墙的结合，软化了挡土墙的形式，提高了绿化面积，弥补了平地绿化的不足，丰富了景观层次。同时，增加了生态效益。

挡土墙绿化首先考虑安全，其次是生态稳固，本文选择以承重方式对挡土墙进行分类，进行挡土墙对应的绿化形式进行分类。

重力式挡土墙：重力式挡土墙主要依靠墙自身的重力来抵抗土压力。相对来说重力式挡土墙断面都较大，常做成梯形断面。由于它承受较大的土压力，故常用浆砌石、浆砌混凝土预制块、现浇混凝土来做，较低的墙也可以采用浆砌砖和干垒石头来做。

由于重力式挡土墙结构简单、施工方便、取材容易而得到广泛应用，根据承重方式分为：完全重力式、半重力式、衡重式。该类墙面承重性能较好，生态固化需求低，景观要求相对较高，适用于模块式、框架式、网格编织袋式、种植容器式和绿篱式等方式的墙面绿化。

轻型结构挡土墙：轻型结构挡土墙断面较小，常做成钢筋混凝土薄墙，混凝土强度等级为 C20~C30，主要是靠墙身底板上的填土来维持土压力作用下上网自身稳定。根据承重方式分为：悬臂式和扶壁式。轻型结构挡土墙混凝土结构层薄，该类墙面承重性能较差，生态固化需求高，不可对挡土墙结构造成破坏，适用于网格编织袋式、种植容器式、网片式、铺贴式等墙面绿化方式。

加筋土挡土墙：在土中加入拉带，利用拉带与土之间的摩擦作用，改善土体的变形条件和提高土体的工程特性，从而达到稳定土体的目的。加筋挡土墙承重性能分散，下部较为稳固，上部承重性有一定限制，生态固化性需求需要根据结构进行针对性设计，适用于模块式、种植容器式、网格编织袋式、铺贴式等墙面绿化方式，便于受力分散。

## 2.2.5.1 设计荷载

### （1）重力式挡土墙

重力式挡土墙自身强度高，绿化形式的容器选择广度较高，只需符合一般墙体绿化工程的建设标准即可。一般墙体材质、高度、坡度等条件而定，荷载均匀分布即可。以高速道路重力式挡土墙为例，容器式的荷载值在 0.65~0.75kN/m²。其中容器式和模块式包含所有结构配件及植物，植物盒中基质湿润情况下荷载约 28kg/m²，干燥情况下荷载约 15~25kg/m²。

### （2）轻型结构挡土墙

轻型结构挡土墙自身强度低、结构层薄，承重力小，所以在墙体绿化建设时，需要选择轻质且受力分布均匀的绿化容器。以一般混凝土轻型结构挡土墙为例，模块式的荷载值一般在 0.30~0.40kN/m²。其中，框架式、容器式和种植槽式等绿化容器，包含所有结构配件及植物，植物盒中基质湿润情况下荷载约 15kg/m²，干燥情况下荷载为 10~13kg/m²。

### （3）加筋土挡土墙

加筋土挡土墙自身结构承重分布不均，上部承重性明显低于墙部下方，由于墙体绿化工程的绿化形式较为统一，荷载均匀分布，所以在绿化建设时，需要考虑承重最薄弱的结构，选择轻质、耐久度高的绿化容器。以一般加筋土挡土墙为例，容器式的荷载值在 0.35~0.45kN/m²。其中容器式、种植袋式或网片式包含所有结构配件及植物，植物盒中基质湿润情况下荷载

约 $15kg/m^2$，干燥情况下荷载为 $10\sim15kg/m^2$。

## 2.2.5.2 载体材料

由于挡土墙多数都存在于空旷地区的向阳环境，光照强度高，易风化，直接受雨水冲刷。所以挡土墙绿化的载体材料应选择具有一定耐久性，抗紫外线、风化程度高的轻质不变形材料，便于整个墙体绿化工程的稳固性与安全性。

## 2.2.5.3 种植基质

挡土墙绿化的基质应选择轻质，排水性好，不会给挡土墙结构造成安全隐患的基质。在满足安全需求的前提下，基质自身具有一定孔隙度，便于植物根系生长，增加墙面绿化的生态稳固性。

## 2.2.5.4 植物材料

挡土墙绿化的植物材料应根据挡土墙不同的环境特点、设计意图，科学地进行选择。首先要选择适宜当地气候条件生长的种类。其次，还要考虑各种植物的生物学特性。再次，还要考虑挡土墙的具体情况。比如，比较粗糙的砖墙、石墙等适合选择攀附类的植物种类，而石笼挡土墙除了攀缘类的植物可以使用外，还可选择缠绕类的植物。挡土墙绿化具体植物选取应当符合四大原则。

（1）适应性原则

植物种类应以乡土植物为主，并充分考虑外来引进植物对当地的适应能力。

（2）季相性原则

在植物的搭配方面，应充分考虑植物季相特点，突出植物季相上的变化，但同时也要变化中求统一。

（3）主次性原则

在种植的尺度方面，应当进行科学的考量，不仅要注重植物个体种植间的行间距，而且应当严格控制好墙体与植物之间的尺寸关系，切忌喧宾夺主。

（4）安全性原则

区别于其他形式的绿化挡土墙的景观绿化，切不可一味地追求美观而忽略了其工程性的特点，如攀缘植物的吸盘等对挡土墙的承重结构及稳定性造成严重影响的植物。

### 2.2.5.5 养护管理

挡土墙绿化养护，尤其是高度较高，坡度较大的墙面绿化，需要结合当地地质工作，制定养护方案，消除安全隐患，预防因不可抗力可能造成的损失。

挡土墙绿化养护，养护对象不仅包含项目植物的养护工作，因为挡土墙排水系统一旦出现拥堵或缓流等问题，会直接影响其结构含水进而改变其承重，所以排水系统也是挡土墙绿化养护的重点。

此外，挡土墙绿化的植物养护注意要根据项目的具体要求进行养护，例如需要生态固定的挡土墙项目，在植物养护初期，应通过修建或根部施肥等措施，不断提高植物的根系生长；而不可对挡土墙结构进行破坏或墙体自身承重有限的项目，则要控制植物徒长，保持植物在一定生态重量下的最大景观效应。

## 2.3 边坡绿化

边坡绿化是一种新兴的能有效防护裸露坡面的生态护坡方式，它与传统的土木工程护坡相结合，可有效实现坡面的生态植被恢复与防护。不仅具有保持水土的功能，还可以美化环境，涵养水源，防止水土流失和滑坡，净化空气。边坡绿化是市政建设的一个重要环节，只有实施高水准边坡建设，才能保障道路的建设效果，主要涵盖边坡绿化构建关键技术，包含边坡的类型、设计、施工以及养护管理方面的内容，相关技术适用于城市道路两侧、河道、立交桥等边坡绿化。

## 2.3.1 边坡绿化构建技术

从边坡分类来讲，边坡以土质、岩质和土石质的缓坡、急坡较为常见，构建技术由固土技术、集排水技术、种植技术组成，具体构建技术见表 2-12。

**边坡绿化构建技术表**　　　　　　　　　　　　　　　　　　　　　　　表 2-12

| 分部 | 分类 | 分项 | 常用技术 |
|---|---|---|---|
| 固土技术 | 表面固结 | 平面网 | 应用金属网、土工格栅、主动防护网 |
| | | 立体网 | 应用三维网 |
| | 分区固结 | 格室 | 设置混凝土格构、预制格室、现浇格室、土工格室 |
| | | 穴槽 | 设置种植槽、鱼鳞坑 |
| | | 阶台 | 设置水平阶、水平沟、水平台、栅栏 |
| 集排水技术 | 截排水 | 截水沟 | 设置浆砌石截水沟、生态截水沟 |
| | | 排水沟 | 设置浆砌石排水沟、生态排水沟 |
| | 集蓄水 | 集水设施 | 设置人工集水面、天然集水面 |
| 种植技术 | 基质配制技术 | 结构改良 | 应用粘结剂、保水剂、珍珠岩、木纤维 |
| | | 肥力改良 | 应用有机肥、无机肥料 |
| | | 活力改良 | 应用微生物菌剂、微生物肥料、生物有机肥、土壤调理剂 |
| | 播种技术 | 喷播 | 进行干法喷播、湿法喷播 |
| | | 人工播种 | 进行点播、穴播 |
| | 栽植技术 | 苗木栽植 | 进行裸根苗栽植、容器苗栽植（含保育块） |
| | | 营养体栽植 | 进行扦插、埋条 |
| | 植被诱导技术 | 自然恢复 | 实行封禁恢复、封育恢复 |

## 2.3.2 边坡绿化设计

边坡绿化应设计合理、应用措施得当，不产生新的水土流失及生态破坏，并符合项目所属行业及所在区域产业发展规划要求，在确保基坡稳定的前提下进行。复杂条件裸露边坡宜分区设计，施工工艺的选择，应综合考虑项目所处自然、社会环境，工程条件及植被恢复目标等因素，降低施工及养护成本。设计应遵循安全性、生态性、景观性、经济性的原则，具体设计内容见表 2-13。植物作为边坡绿化的主体，在修复边坡过程中会考虑诸多因素来进行选择。

**边坡绿化设计内容**　　　　　　　　　　　　　　　　　　　　　　　　　　表 2-13

| 分类 | 分项 | 设计内容 |
|------|------|---------|
| 固土技术 | 金属网、土工格栅 | 适用于高陡土石质边坡，常与喷播结合使用 |
| | | 锚杆直径长度依据边坡质地、坡度及荷载情况确定 |
| | 三维网 | 适用于土质边坡，常与人工或机械播种结合使用 |
| | | 材料要求按《土工合成材料 塑料三维土工网垫》GB/T 18744 的规定执行 |
| | 混凝土空心砖、土工格室 | 应对坡脚处做基础设计，格室与边坡应平整、贴紧 |
| | | 格室与格室之间连接紧密 |
| | 阶台类 | 水平阶、水平沟、栅栏应按一定距离沿边坡等高线布设 |
| | | 种植槽尺寸宜根据边坡类型及目标植被类型确定 |
| 集排水技术 | 截排水、集蓄水 | 根据边坡的汇水特征进行横向截水及纵向排水设计 |
| | | 设计宜采用生态型截排水技术 |
| | | 宜根据植被生长需水要求及边坡实际场地情况进行集蓄水设计 |
| 种植技术 | 植物选择 | 因地制宜，应选择具有良好水土保持功能的乡土植物 |

续表

| 分类 | 分项 | 设计内容 |
|---|---|---|
| 种植技术 | 植物选择 | 根据边坡立地条件选择覆盖能力强、根系发达、抗逆性强的植物 |
| | | 采用喷播方式时应选择适宜喷播的植物品种，种源容易获取、商品化程度高的植物品种应优先选择 |
| | 植物配置 | 可设计为乔灌草型、灌草型、灌丛型、草本型等类型 |
| | | 坡度大于 45° 及有安全要求的边坡不宜采用大型乔木，配置方式应深根系与浅根系植物相结合 |
| | 基质配制技术 | 采取适宜的基质改良措施，改良基质宜满足《绿化种植土壤》CJ/T 340 对表层营养土的规定 |
| | | 厚度设计需要考虑坡度、坡质、坡向、降雨量、目标植被等，并应满足植物生长要求 |
| | 播种技术 | 喷播和人工播种的用种量应根据边坡的岩性、坡向和坡率等立地条件来确定 |
| | | 应综合考虑种子千粒重、发芽率、发芽速度和苗木生长速度等因素 |
| | | 植生袋适用于坡度小于 45° 边坡 |
| | | 生态袋适用于坡度大于 55° 的石质边坡及有特殊景观要求的边坡，依据垒砌坡度和高度情况增加袋体之间的横向连接及袋体与坡体之间的纵向连接措施 |
| | | 植生毯、植生带适用于坡度小于 35° 的土质松软边坡 |

## 2.3.3　边坡绿化施工

在施工前应了解工程施工图、工期、质量要求、安全要求和进度要求等，设计人员应向施工单位进行设计交底，包括：设计意图、土建工程、种植工程施工图等技术要点等，具体施工工艺流程见图 2-25。

进场前还需进行现场踏勘，包括周围环境、施工条件、电源、水源、土源、道路交通、堆料场地和生活设施位置等，具体施工内容见表 2-14。

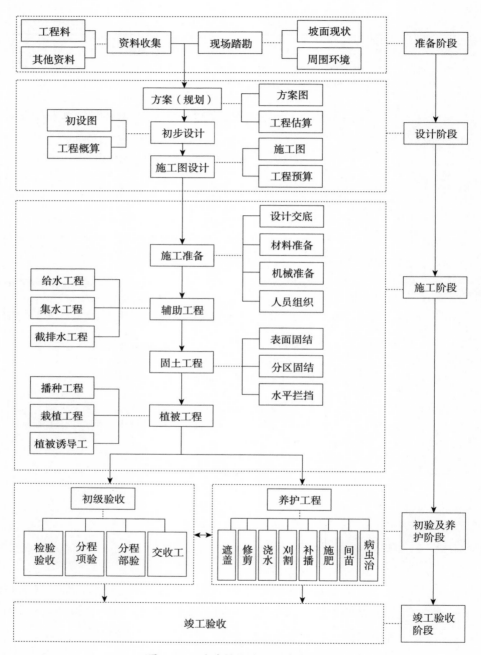

图 2-25  边坡绿化施工工艺流程图

**边坡绿化施工内容**　　　　　　　　　　　　　　　　　　　　　　　　　　　表 2-14

| 分类 | 分项 | 施工内容 |
|------|------|----------|
| 固土技术 | 金属网 | 清除边坡所有石块及其他杂物，保证边坡平整 |
| | 土工格栅 | 采用从上而下的铺设顺序，将网片自然平铺在边坡上，网片之间搭接 |
| | | 锚杆和网片之间使用扎丝固定，或采用 U 型销钉将网固定在相应的边坡上 |
| | | 网材、锚杆质量应符合设计要求 |
| | 三维网 | 整平边坡、清除石块、碎泥块、植物地上部分和其他可能引起网层在地面被顶起的障碍物，填平凹槽 |
| | | 沿边坡走向开挖矩形沟槽，沟槽规格符合设计要求 |
| | | 三维网剪裁顺坡铺设，铺网时应让网尽量与边坡贴附紧实，防止悬空，并应使网面保持平整，不产生褶皱，网之间应重叠搭接 |
| | 混凝土空心砖、土工格室 | 清理边坡杂草、树根、碎石等，孔洞、淤泥和凹陷体处应填土夯实，使边坡平整 |
| | | 土工格室铺设时，应先在坡顶用固定钉或锚杆进行固定，然后固定坡脚 |
| | | 土工格室铺设完成后应填土压实 |
| | 阶台类 | 清除边坡的石块、枯枝等，并将边坡整理平顺 |
| | | 在边坡上修筑水平阶梯，按一定距离开凿种植槽，在槽内回填土壤、有机质肥料和保水剂等 |
| 集排水技术 | 截排水、集蓄水 | 截水沟、排水沟施工应在建植工程施工前完成，参照《建筑边坡工程技术规范》GB 50330 标准执行 |
| | | 集水工程施工应与建植工程同期完工，施工应参照《雨水集蓄利用工程技术规范》GB/T 50596 标准执行 |
| 种植技术 | 点播、穴播 | 宜使用温水或赤霉素溶液浸泡种子，播种后覆土厚度宜不大于 2cm |
| | | 播种后根据土壤墒情，及时浇水 |
| | 干法喷播 | 土源应干燥，含水率宜控制在 30% 以下，基材所需材料应按照设计比例进行混合，拌合均匀 |
| | | 混合均匀后的种子层基材应在 24h 内使用完毕，如遇连续降雨等情况，酌情添加种子，重新拌合均匀后使用 |

续表

| 分类 | 分项 | 施工内容 |
|---|---|---|
| 种植技术 | 干法喷播 | 喷播时应采取多层喷附方式，下层为基材底层，上层为植物种子层，喷播厚度不宜低于 2cm |
| | | 喷播完成后根据土壤墒情，及时浇水 |
| | 湿法喷播 | 基材按设计比例配好后装入专用机械并喷射到边坡上，基材混合均匀后存放在设备内时间不应大于 30min |
| | | 采取多层喷附方式，单层喷附厚度宜小于 2cm |
| | | 喷播完成后根据土壤墒情，及时浇水 |
| | 植生袋 | 植生袋堆码应错缝水平叠放呈"品"字形，码放层与基坡之间的缝隙应及时回填，逐层夯实，不应出现沉降缝或渗流暗沟 |
| | 生态袋 | 生态袋强度和寿命期应符合设计要求 |
| | | 基础层应铺垫平整、夯实以保证堆码层的稳定 |
| | | 生态袋堆码应错缝水平叠放呈"品"字形 |
| | 植生毯 | 施工前应平整边坡，清除边坡上的石块和杂质，填平较大的坑穴，打碎土块，耧细耙平压实 |
| | | 将植生毯垫用钎子固定在边坡上，使其与边坡紧密接触，毯垫顶端部应固定牢固 |
| | 种植 | 应对苗木进行必要的断根和剪枝处理，开挖种植穴 |
| | | 结合植生袋、生态袋码放进行植株活体扦插及压条，完毕后应进行边坡覆盖 |
| | | 根据土壤墒情及时浇水时应避免冲刷边坡，栽植后应浇足透水 |
| | | 反季节栽植应选用容器苗 |

## 2.3.4 养护管理

边坡绿化养护措施包括遮盖、施肥、浇水、修剪、间苗、补播（栽）、病虫害防治和其他措施，养护期间要保证边坡植物达到设计要求，促进边坡植物绿化效果良好，边坡安全稳定，具体养护内容见表 2-15。

**边坡绿化养护内容**　　　　　　　　　　　　　　　　　　　　　　　　　　　　　　　表 2-15

| 养护内容 | 注意事项 |
| --- | --- |
| 遮盖 | 应及时进行边坡遮盖，遮盖材料包括草帘、遮阳网、无纺布、地膜等 |
| | 以保温、保湿为主的遮盖，宜选用草帘、无纺布等材料进行覆盖，当植物覆盖边坡时可视情况进行揭除 |
| | 遮阳、防冲刷为主的遮盖，宜选用无纺布、遮阳网等材料进行覆盖，当植物覆盖边坡时可视情况进行揭除 |
| 施肥 | 在施工后 1~2 年内根据苗木生长情况进行，在植物生长旺季前进行 |
| | 应根据植物生长情况选择氮肥、磷肥或钾肥 |
| | 施肥时宜将所施肥料溶入水中，结合灌溉方式进行，在降雨前或灌溉前也可进行人工撒施 |
| 灌溉 | 应根据气候特点、边坡立地条件、植物长势等情况进行浇水 |
| | 浇水方式可以采用喷灌、滴灌和微灌方式进行 |
| 修剪 | 应及时排查可能影响坡体稳定性的植株并处理，可在秋季通过平茬调控地下与地上生长量 |
| | 修剪宜在秋季落叶后或春季发芽前进行 |
| 补播（栽） | 当边坡裸露较多或乔灌木比例较低时，应进行人工补播或补栽 |
| | 补播（栽）时间以每年 4~8 月为宜 |
| | 补栽苗宜优先选择容器苗进行栽植 |
| 病虫害防治 | 优先采用生物防治措施进行有害生物防治，减少化学药剂使用 |
| | 宜采用喷施生物和植物源类制剂无公害防治措施灭杀，不应使用有机磷类药剂 |
| 其他措施 | 汛期前应排查和维护边坡防汛设施，确保边坡排水设施正常运行 |
| | 汛期中应巡查和清理边坡排水设施，出现问题及时修缮 |

# 第 3 章

# 绿色空间竖向拓展实践篇

# 3.1 屋顶绿化案例

## 3.1.1 中国标准科技集团有限公司办公楼屋顶花园

### 3.1.1.1 项目概况

中国标准科技集团有限公司办公楼屋顶花园工程是中标集团年度非常重视的建设项目，此项目是改善办公环境、隔音降噪、营造绿色生态建筑的重要改造工程，是低荷载特殊空间绿化的成功案例。本项目立项于2016年7月，经过多轮设计方案调整，于2017年开始动工，竣工于同年9月。

中国标准科技集团有限公司位于昌平区天通苑太平庄中一街，其办公楼是一栋五层建筑，局部楼层四层。屋顶花园范围是四层屋顶，总面积为713.14$m^2$，原有屋顶构筑物占用部分荷载，绿化施工前屋面荷载为1.0~1.5kN/$m^2$，属上人屋面。屋面排水为内外排水兼备，屋面防水是楼体外包装修时新做防水，为3mm+4mmSBS改性沥青耐根穿刺防水层。

屋顶相邻有办公室的门窗，而且出入方便，使得本屋顶的景观质量至关重要。本楼周边包围着高层居民住宅楼，使本屋顶成为高层居民的视线焦点。待建屋顶同时具有人视景观和鸟瞰景观两方面的需要，并且与建筑立面交互、相关的空间较多。适合做规则型屋顶花园。如图3-1和图3-2所示。

图 3-1　屋顶现状　　　　　图 3-2　屋顶周边环境

屋顶永久荷载 2.6kN/m²，但由于楼体装修增加了很多构筑物，占用了部分荷载，导致屋顶绿化能够使用的荷载数降低，且不能用简单的一个荷载数一概而论，需要实际情况实际分析。

### 3.1.1.2 设计方案

（1）设计主题

对屋顶各方面条件进行综合分析，本屋顶适合方正规则式的屋顶花园，进而建成简洁大气的精品屋顶花园。因此，新中式的设计风格较为符合本屋顶的设计风格。设计主题为"境"，根据功能和景观，全园主要分为四个区域。

（2）平面布局

根据荷载及梁柱布局图所示，将重量较高的部分分布在荷载高的位置。屋顶周边环境方正规整，一侧有高一层建筑，另一侧是玻璃幕墙，并且屋顶上出入口部分有方形框架结构，使屋顶形成一个既有半封闭半开放空间，又有开敞空间的规则式屋顶花园。屋顶花园的平面布局是建筑布局的延伸和展开。新中式设计风格方正规整，典雅大方，并且讲究空间的层次和景观的步移景换。布局中借用屋顶原有框架结构，并设置景墙，利用迂回曲折的园路以及植物的高矮错落增加屋顶的层次感。如图 3-3 所示。

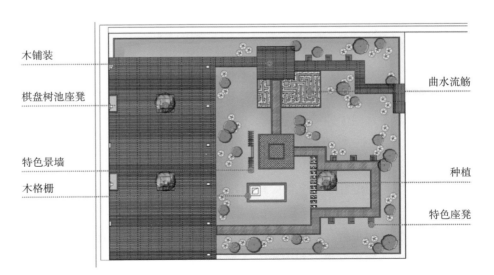

图 3-3　设计平面图

### 3.1.1.3 低荷载要求的材料选择

（1）园路及铺装材料

1）玻璃砖：玻璃砖是"曲水流觞"铺装部分的铺装材料，砖体透明，结构中空，这样既能体现出水晶莹剔透的特质，还降低了砖体的总密度，减轻铺装的总重量。玻璃砖密度为 796kg/m³，铺设荷重为 63.7kg/m²。

2）木铺装：木材是铺装材料中密度既轻且坚固耐用的材料。木铺装材料颜色花纹多样，能体现出精致的园林品质。防腐木密度为 890kg/m³，40mm 厚菠萝格防腐木单层铺设荷重为 35.6kg/m²。

3）烧结砖：用烧结砖替代地面园林做法中普通的砖石材料，此种材料密度低，透水性能好，虽然坚固程度不及普通的砖石材料，但是屋顶园路铺装只需承载少数人员的走动与休息，不用承载车辆等重量高的负荷，轻体透水砖的坚硬程度足以满足上述需要。烧结砖密度为 1000kg/m³，50mm 厚单层砖体铺设荷重为 50kg/m²。

4）陶粒：养护通道等需要覆盖的地方用陶粒替代卵石铺盖，大大减轻了覆盖物的重量，还有较好的透水效果。

（2）绿地封边材料

1）钢材绿地封边：本屋顶利用钢板作为绿地的封边，虽然钢材密度高，但是做封边需要的材料很薄，N 形钢板封边厚度 2mm 的钢板即可满足要求。单层钢板封边适合厚度为 4mm。所以绿地封边的总重量并不多。钢材易于塑造，能灵活的塑造各种各样的绿地造型。而且钢材的质地稳定，能够长远的保证景观效果和对绿地的隔离效果。

2）PVC 板绿地分割：PVC 板比钢板更容易塑造，且线条自然顺畅，适合在绿地中作为不同地被植物之间的分隔板，能够使植物之间分隔清晰美观，且利于养护。

（3）地下基础支撑材料

1）万能支撑器：替代原有木铺装混凝土基础，只需在需要安装固定木龙骨的位置放置重量极轻的万能支撑器，大大降低了用料的密度和用量。

2）轻质混凝土：在需要基础支撑又无法使用万能支撑器的地方，用轻质混凝土替代普通的混凝土。其密度只是普通混凝土的四分之一。轻质混凝土的种类也有很多，在本屋顶使用的是搅拌陶粒的轻质混凝土，作为分隔绿地边缘的基础、小品、景墙等构筑物的基础。

（4）景墙材料

1）松木：材料轻且易于雕刻，易于塑型，有较强的表达能力。

2）火山岩：火山岩属于新型建筑材料，外观和属性有自己独特鲜明的特色。密度较低，能够漂浮于水上。

（5）种植基质

轻型无机基质是一种白色的轻型种植基质，排蓄水性能好，质量轻，适合屋顶绿化，但如果裸露在外易于被风吹散或较大量的水流冲散，适合种植郁闭度高，根系抓土能力强的地被植物。

### 3.1.1.4　低荷载要求的节点设计

（1）木铺装及基础支撑做法

万能支撑器做法：常规木铺装基础做法是用混凝土梁为基础，上安装木龙骨，木龙骨上安装木铺装。在屋顶为了减少重量，方便排水的改良做法是在需要固定木龙骨的点位用混凝土块作为基础，替代通长的混凝土梁。本屋顶荷载低的情况下用万能支撑器替代混凝土块作为支撑。万能支撑器的优点有：重量轻、安装简单、施工流程快、排水通畅、承重能力高等。如图 3-4 和图 3-5 所示。

（2）树池、座凳等构筑物做法

采用减轻荷载设计，施工中树池座凳做法前后对比如图 3-6 和图 3-7 所示。

（3）绿地封边做法前后对比

钢材边缘处理成 N 形的回边，从功能上说增加了其坚硬程度，同时还美观。如图 3-8 和图 3-9 所示。

图 3-4　万能支撑器做法（木铺装）　　图 3-5　万能支撑器做法（木园路）

图 3-6　轻体砖结构树池座凳做法照片　　图 3-7　钢架结构树池座凳做法照片

图 3-8　N 形钢板封边结构做法　　　　图 3-9　石材道牙结构做法

（4）景墙等园林小品做法

为减轻景墙荷载，本项目将原设计火山岩石材主材更改为木质材料。

（5）精细的荷重计算方法

本方案为了保证荷载要求，并提升景观质量，采取分别核算每块楼板所承受荷重的方法，使每块楼板的荷重都不超过其限制条件。见图 3-10。

项目竣工后实景如图 3-11 所示。

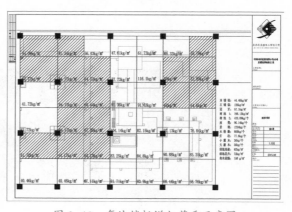

图 3-10　每块楼板增加荷重示意图

图 3-11 项目竣工后实景照片

## 3.1.2 陕西省西咸新区沣西新城管委会屋顶花园

### 3.1.2.1 项目概况

西咸新区是我国首个以创新城市发展方式为主题的国家级新区，承担着探索和实践以人为核心的中国特色新型城镇化道路的历史重任，也被选为我国首批进入 16 个海绵城市试点之一，沣西新城作为西咸新区五大组团之一，位于西安、咸阳建成区之间，是西安国际化大都市综合服务副中心和战略性新兴产业基地。本项目是陕西省西咸新区沣西新城管理委员会 8 号、连楼、3 号、4 号、10 号楼屋顶的绿化，建筑屋面总面积为：5787.5m²。可绿化的面积约为：5223.3m²。

### 3.1.2.2 设计目标

推动海绵城市建设理论和实践技术交流，研究推广新材料、新技术的应用，着力提升"海绵"型城市建设的相关技术及标准，打造现代田园的生态城市。本项目设计是以"山水乐活"为主题设计的屋顶花园，即仁者乐（yuè）山，智者乐（yào）水，行者乐（lè）活。整体设计是围绕现代生活、传统文化和生态城市的三大背景设计的屋顶绿化。设计方案见图 3-12。

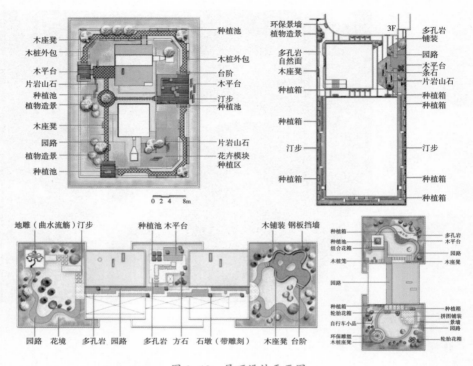

图 3-12 屋顶设计平面图

## 3.1.2.3 植物选择

（1）配置原则

1）为防止植物根系穿破建筑防水层，应选择须根发达的植物，避免选择直根系植物或根系穿刺性较强的植物。

2）选择易移植、耐修剪、耐粗放管理、生长缓慢的植物，避免植物逐年加大的活荷载对建筑静荷载的影响。

3）选择抗风、耐旱、耐夏季高温的园林植物。

4）选择具有耐空气污染，能吸收有害气体并滞留污染物质的植物。

5）根据不同植物对种植基质土层厚度要求，将乔木、灌木进行树池栽植或在绿地进行局部微地形处理。

（2）植物配置

本设计集中展示适合屋顶绿化栽植的园林植物53种，利用低矮常绿植物、落叶植物、宿根花卉、地被植物之间进行搭配。成组团式植及配合

图 3-13　植物精细配置

花境种植，根据场地风格、主题内容进行设计。利用钢板围边做高差处理，降低屋顶荷载且简约环保。局部配植一些观赏草类的植物，不仅具有优美的观赏性，也可营造一种自然的环境。在分析建筑梁柱结构位置的基础上进行扩展设计，灵活组合应用覆盖式绿化、固定种植池等多种绿化形式，适当设置铺装、平台活动区，并配以丰富的植物种类。通过这些具有针对性的处理方法，在屋顶花园这种小尺度的绿化空间，营造出精致、细腻的视觉感受。见图 3-13。

## 3.1.2.4 低影响设施控制

作为打造海绵城市建设的先行样本，本项目提出了绿色屋顶率的低影响开发为主要控制指标之一，"绿色"屋顶在滞留雨水的同时还起到节能减排、缓解热岛效应的功效。既能实现资源利用的最大化，也能发挥其生态效益的最优化。

（1）种植土

根据建筑荷载及本项目的需要，本次种植土选用改良土和人工轻量种植基质两种类型。改良土是在自然土壤中加入改良材质，减轻荷重，提高基质的保水性和通气性。配比大面积采用 30% 多孔岩、60% 土、10% 有机肥的配比换填。局部试用 20% 多孔岩、60% 土、10% 椰糠、10% 有机肥。人工轻量种植基质由表面覆盖层、栽植育成层、排水保水层三部分组成。干容重在 $1.2kN/m^3$，湿容重 $4.5\sim6.5kN/m^3$ 之间。具有不破坏自然资源，卫生洁净，重量轻，保护环境等作用。在正常状况下，有机基质截水量比无机基质截水量小，进一步推断，无机基质比有机基质截留雨水能力强，对于缓解城市雨洪现象作用更大。

（2）低影响开发设施

1）截留雨水

屋顶绿化可有效截留雨水，缓解城市雨洪压力。研究结果表明，花园式屋顶绿化可截留雨水 64.6%；简单式屋顶绿化可截留雨水 21.5%。在排水工程中可以相应地减小下水管道、溢洪管及储水池的尺寸，节省建材费用。项目中与女儿墙间空隙铺砾石，保护环形排水管。保留原有排水系统，原排水槽填充砾石，以利于排水板与排水槽的畅通，下水口处直接用砾石填至面层，不回填土，以便地表径流产生的雨水能够顺利排走。利用电梯间楼实现雨水回用，外挂水箱作为雨水储存模块。

咸阳地区降水量为 537~650mm/ 年，按平均降水量 600mm/ 年测算，花园式屋顶绿化种植基质厚度按 300mm，简单式按 100mm 计算。本次屋顶绿化工程可截留雨水 1146.9t/ 年。

2）滞尘

根据实验数据，无论简单式还是花园式屋顶绿化，其滞尘效果极显著高于对照未绿化的水泥屋顶；同时，不同处理间多重比较分析表明，花园式屋顶绿化不同部位（高、中、低处）以及不同地块的简式绿化，其相对应的滞尘效果也存在着显著差异。该实验结果表明，在立地条件基本相同情况下，乔灌草结合的花园式屋顶绿化滞尘效果远远优于单一植物种类简单式屋顶绿化。根据屋顶绿化植物整个生长季节的滞尘结果分析，花园式屋顶绿化滞尘量平均为 12.3g/m²；佛甲草简单式屋顶绿化滞尘量平均为 8.5g/m²，由此推断，本次屋顶绿化工程可滞尘 40.3kg/ 年。

## 3.1.2.5 小结

屋顶绿化作为新形势下绿色建筑及海绵城市构建的关键要素之一，应进一步提升其功能和技术。特别是作为源头控制，一方面屋顶绿化缓解城市热岛效应，拓展城市绿化空间，丰富城市第五立面，另一方面也要通过技术手段，增强建筑屋面排蓄水功能，减少空中二次扬尘染，这就给我们园林设计工作者提出更高的要求，不仅要考虑意境、构成等传统设计手法，还要更加深入地探索与海绵城市相关的作用，如雨水径流量、种植土蓄水能力、净化能力、排水速率等一系列量化设计，与此同时，作为城市的第五立面，屋顶绿化设计还要通过园林要素实现现代空间感知与文化景观的对接与传承，真正达到在海绵城市建设中，屋顶景观设计与功能达到和谐统一。

## 3.1.3　东城区朝内综合办公楼屋顶花园

### 3.1.3.1　项目概况

　　东城区朝内综合办公楼位于北京市东城区朝内大街 192 号，是 2014 年东城区园林绿化局建设的重点项目之一。屋顶花园位于建筑的六层屋顶，总面积 3532m²。建设的目的是为了改善城市生态环境，改善办公环境。

### 3.1.3.2　空间分析

　　该项目屋顶空间宽敞方正，屋面大体平整，现有体量较大的建筑构架及一些屋顶设备，但布置位置相对集中，场地条件较好，有利于打造屋顶花园。该项目周围没有其他更高层建筑俯瞰，有较好的私密性和独立性。屋顶南北两端各有一部分空间有工字钢结构的框架，形成半开放式空间，如图 3–14 所示。将屋顶分成了三个部分，形成围合式的空间布局结构。

图 3–14　屋顶现状情况

　　本项目屋顶虽然面积大且形状方正，但下层梁柱结构点位多，并且建筑在建设屋顶花园之前，做了结构加固，提高了承载能力。屋顶的荷载为 3.0~5.0kN/m²，是建造屋顶花园的结构优势。

### 3.1.3.3　景观概念

　　根据屋顶的布局结构，设计者发现，现有的工字钢架随着光线的变化形成了丰富的光影效果，形成较为明显的明暗关系。屋顶分为三个区域，

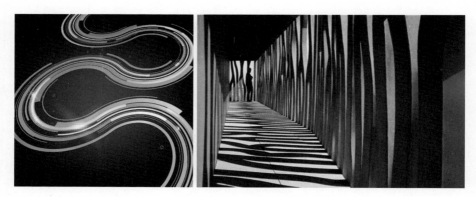

图 3-15　景观设计构思

左侧和右侧有工字钢结构的区域为"暗"区域，中间没有屋顶构筑物的部分为"明"区域。通过设计，深化光影秩序效果，并在光影形成的黑白明暗关系上增加"自然流动的色彩"元素，为景观增加活力。也就是建筑形成的黑白光影秩序与植物形成的流动色彩相融合，成为"光、影、彩"的花园，见图 3-15。

### 3.1.3.4　设计理念

（1）一心一环式布局，适当留白

根据屋顶的空间结构设计一条自然曲线的环线，在方便达到周围各个构筑物的同时，引导景观视线，结合种植形成步移景易的景观效果。屋面中间部分较为空旷，设置中心景观，形成视线集中点。在环线与中心景观之间设计低矮的地被植物，适当留白，为景观留出视觉景深感，丰富景观层次。

（2）直线与曲线相结合

建筑为直线、折线的硬线条，植物景观则是自然的软线条，设计中融入和与建筑相结合的直线条和与植物相融合的自然曲线，弱化了建筑的僵硬感，又给花园增添了秩序感。结合设计理念，设计师确定设计的主题为「光·影·彩」，光为光风霁月：雨过天晴后万物明净的景象，形容开阔的胸襟。结合中间开阔明亮的场地进行设计。影为暗香疏影：结合廊架结构和其在光照下形成的光影设计。彩为流光溢彩：光除了能形成光影还能形成丰富艳丽的色彩。见图 3-16。

贯穿全园的自然曲线园路连通各个分区，同时形成步移景易的舒适游园步道，划分出多个灵动的景观空间，充满艺术感及趣味性。见图 3-17。

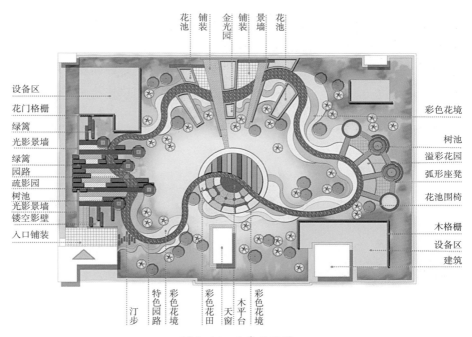

图 3-16　方案平面图

图 3-17　贯穿全园的游园步道

　　建筑构架下的空间形成半开放式游园区域，自然植物景观与建筑构架形成的光影组合成为舒适的休憩场所，使屋顶花园景观充满活力。见图 3-18 和图 3-19。

　　屋顶花园中加入形式多样的小品元素，有色彩靓丽的种植池以及兼备生态效益和通行功能的格栅式游园步道，丰富了屋顶花园的景观层次。见图 3-20。

图 3-18 建筑构架下休憩的空间

图 3-19 建筑构架下休憩的空间

图 3-20 丰富的小品元素

图 3-21 完工实景照片

### 3.1.3.5 小结

在东城区朝内综合办公楼屋顶花园项目中，设计师结合利用屋顶现状条件，营造出变化丰富，步移景易的空间氛围。将大面积的屋顶空间巧妙的形成多个富有变化的景观空间。改善城市生态环境，缓解城市热岛效应，增加建筑节能减排，减噪、滞尘，改善办公环境的同时，也在繁忙的城市楼宇之中，增加了一处舒适的清幽僻静之所。如图 3-21 所示。

## 3.1.4 北京大学口腔医院门诊楼屋顶花园

### 3.1.4.1 项目概况

北京大学口腔医院门诊楼位于海淀区中关村南大街 22 号，地处中关村高科技园区，隶属于北京大学口腔医学院，是一所集医疗、教学、科研、预防功能为一体的大型专科医院，日均门诊量达 2300 余人次，是目前国际上口腔专科医疗服务规模最大的口腔医院之一。新落成的门诊病房楼总建筑面积为 36200m²，地上 15 层，地下 2 层，建筑设计新颖、功能完善。见图 3-22。北京大学口腔医院屋顶绿化项目于 2009 年 7 月由院方组织进行设计招标，设计范围为二层、九层、十层屋顶，见图 3-23，允许荷载为 2.0kN/m²。

图 3-22　北大口腔医院建筑模型　　　　图 3-23　屋顶绿化项目位置示意

## 3.1.4.2　项目设计

**（1）设计要求**

针对北大口腔医院的特点和建筑周围缺少活动场地的现状情况，本次屋顶绿化项目提出"应充分利用现有空间条件，营造植物丰富、优美和谐的园林景观，供前来就诊的病人游赏、休憩，同时，通过美化环境提升建筑品质"的总体设计要求。由于屋顶荷载不完全满足实施花园式屋顶绿化的条件，故在详细设计中，考虑应用合理的模式，如结构层材料、植物、铺装、小品、园林设施的选择与设置等，要兼顾安全、功能、经济、美观和生态五个方面。

此外，在设计招标投标中，甲方提出部分设计要求；二层、十层以俯视观赏为主，九层可参观、游憩。

**（2）设计原则**

综合考虑甲方要求、屋面荷载、现状条件、景观效果与实用性等因素，结合医院这一特殊的单位性质，设计方案以"亲和自然、安全适用"为指导思想，并在详细设计中遵循以下原则：

1）生态效益为主，景观效益为辅，渗透绿色、环保、节能的设计理念；

2）植物造景为主，利用有限的空间展示生物多样性，体现植物种类和绿化景观的多样性；

3）屋顶绿化体现绿色建筑理念，展示屋顶绿化先进技术与良好的景观效果，提升建筑综合价值。

### （3）设计方案

#### 1）二层简单式屋顶绿化设计方案

在建筑墙体与女儿墙周边预留通道，宽度为1m；预留通道后，屋面通风管恰巧被包围在绿地中，西侧屋顶花园入口区域铺装局部放大，便于维护设备运输等特殊情况时的人流集散，东侧因避让进风口，铺装局部加宽至2m，以保证平面图案边界相对完整流畅。采用自然流畅的图案式种植，种植设计以地被植物为主，适当点缀低矮的灌木以丰富植物配置的种类和层次；注意采光顶棚周边避免种植体量较为高大的植物，防止遮挡光源。添加北大口腔医院院标，应用景天科植物、耐修剪的色块植物等表现图案，标识的正面观赏方向为建筑内部候诊大厅。见图3-24和图3-25。

#### 2）十层简单式屋顶绿化设计方案

在建筑墙体与女儿墙周边预留通道，北侧（建筑侧）通道宽度为1m，南侧（女儿墙侧）通道宽度为2m，避让进风口。绿地的构图形式与建筑设计的几何外形相随，俯视效果和谐统一；种植形式延用二层流畅的自然式曲线，上下呼应。建筑入口内东侧为大会议室，设计时增加小灌木以丰富立面景观观赏效果；入口处设置小型铺装，便于人流集散；增加种植

图3-24　二层屋顶花园设计方案

图3-25　二层屋顶花园景观照片

池，栽植主景灌木。入口东侧绿地空间较为局促，且灌木生长需求的土层厚度较大，与常规的地形处理的手法相抵触，故提出将栽植灌木处统一做种植池处理，以解决这一矛盾。在女儿墙一侧放置序列盆栽，用绿色植物弱化女儿墙较高带来的视觉障碍，同时巧妙隐蔽两组进风口。见图 3-26 和图 3-27。

### 3）九层花园式屋顶绿化设计方案

本层的性质较为特殊，因允许开放使用，要防止病患接近屋面边缘发生安全隐患，故不再设置环形工作通道。在女儿墙内加设 1.8m 高的金属网拍，采用攀援植物进行遮挡，这一虚空间的分隔手法，既能够缓解实体墙造成的压抑感，又为植物生长提供较好的支撑；通气口的处理是较为棘手的问题，为了避免其出现在铺装范围内影响通行，需要将这些通气口最大程度包围在绿地中，因此根据其分布的位置，设计出折线园路、自然曲线园路、较大铺装面积结合景观柱收纳通气口的形式等多个方案草图，并经过多次修改、整合，最终选定当前"弧线版"方案。

设计方案在北侧入口区域保留较大面积铺装，便于人流集散；定制方墩、条凳两种木质坐凳外壳，内藏通气口，看似零散，但每两行中间镶嵌一

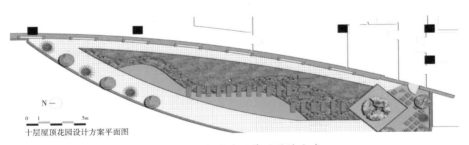

十层屋顶花园设计方案平面图

图 3-26　十层屋顶花园设计方案

图 3-27　十层屋顶花园景观照片

道花池，就使得座凳之间有了行列关系，显得紧密有致；由弧线园路自然引导至中心圆形小广场，将广场抬高一个踏步，并于一侧砌筑曲线小花池，这样通过三个立面层次提升，在空间上产生变换感；广场与园路铺装以不同的颜色区分、提示；继续沿园路前行，至南侧入口，又是一个放开的活动空间，设置树池，种植观赏灌木作为主景；整体上形成"放→收→放"的游赏韵律；九层屋顶花园观赏与游憩并重，设计中在双侧入口的小广场区域及园路单侧布置草坪灯，草坪灯选择太阳能产品，节能环保，在保证夜间照明的同时，使得花园夜景观赏效果别有情趣；添置体量轻盈的铁艺花钵、遮阳伞等园林小品及设施，便于移动和收纳，活跃气氛。见图 3-28 和图 3-29。

（4）屋顶绿化荷载分析

本次项目在建筑设计时考虑了屋顶花园的建设，荷载设定为 $200kg/m^2$，本次种植设计应以低矮的小灌木、地被植物、草坪相结合的植物配置模式为主。因植物具有生长量，即在自然状态下重量会有所增加，故应谨慎选

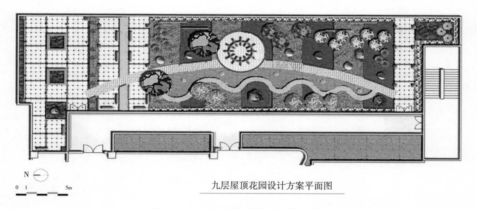

N

0  1          5m

九层屋顶花园设计方案平面图

图 3-28　九层屋顶花园设计方案

图 3-29　九层屋顶花园景观照片

择大灌木和乔木。

（5）植物选择与种植设计

北京大学口腔医院屋顶绿化项目的种植设计，是在参照北京市地方标准《屋顶绿化规范》DB11/T 281—2005 的基础上，结合医院屋顶荷载状况和各层屋顶花园的使用性质，确定具体应用的植物种类（含品种）总计 40 种。二层与十层屋顶花园定位为简单式屋顶绿化，以图案式地被栽植模式为主，选用金娃娃萱草、佛甲草、红花酢浆草、砂地柏等组成颜色亮丽、舒缓流畅的色带，适当点缀寿星桃、金叶莸、大叶黄杨球等小灌木。为便于施工养护，降低养管费用，不选用应时花卉。二层在实际施工中按甲方要求取消了医院标志模纹。

九层定位为花园式屋顶绿化，以具有较高观赏价值的小型乔、灌木为主，结合草坪地被植物的复层配置模式，突出生态效益。植物配置遵循"背景高、前景低"的原则，既要考虑花园内的游赏景色，还要考虑到"阳光走廊"内的观赏效果，因此植物配置在走廊一侧要适当留出透景线。为保证花园的四季景观效果，植物材料应用了小型常绿乔木，苗木在挑选时严格控制体量。

## 3.1.4.3　屋顶绿化施工技术要点

（1）施工流程

为保证建筑结构安全、防水安全和植物成活，北京大学口腔医院屋顶绿化施工严格按照以下施工工艺流程进行。

清扫屋顶表面→验收基层（蓄水试验和防水找平层质量检查）→铺设防水层→铺设隔根层→铺设保湿毯→铺设排（蓄）水层→铺设过滤层→铺设喷灌系统→绿地种植池池壁施工→铺设人工轻量种植基质层→植物固定支撑处理→种植植物→铺设绿地表面覆盖层。

（2）防水层应注意的问题

屋顶绿化要求防水性能高且耐久年限长，所以在工程施工前，必须经过蓄水试验并验收，及时补漏，必要时做二次防水处理。防水层的铺设须向建筑侧墙面延伸，应高于基质表面 15cm 以上。本次防水层选用 SBS 改性沥青，不具有隔根功效，需要单独铺设隔根层。在屋顶花园后期养护管理中，要应及时清理枯枝落叶，防止排水口堵塞造成壅水倒流，危及植物生长和防水安全。

预埋金属网拍 → 牵引绳与网拍四角连接 → 地面覆土、踏实
（网拍上加过滤布） 并与地上枝干绑缚固定

图 3-30　树木固定技术流程图

### （3）树木固定技术

屋顶环境较地面风力大，且种植土层薄，因此在北京大学口腔医院 9 层屋顶绿化中，高度超过 1.5m 的树木都采用了地下金属网拍固定法。

具体固定方法是将金属网拍（尺寸为固定植物树冠投影面积的 1~1.5 倍）预埋在种植基质内；用结实且有弹性的牵引绳将金属网拍四角和树木主要枝干部位连接，绑缚固定，绑扎中注意对树木枝干的保护；依靠树木自身重量和种植基质的重量固定树体，防止倒伏。操作步骤如图 3-30 所示。

## 3.1.4.4　设计与施工中的问题及解决方法

### （1）作通道的多种功能

在屋顶绿化设计中，一般都沿建筑及女儿墙预留环形工作通道，通道宽度 1m。环形通道的设计便于工作人员进行屋顶绿化养护作业，建筑墙体维护、维修、清洁作业，以及维护设施设备的运输与运转。

在十层屋顶花园的设计过程中，入口左侧空间较小，为增加绿量，提升建筑内部会议室的景观观赏品质，全部作为绿地处理。但后期项目回访过程中发现，建筑立面铝扣板的辐射造成附近佛甲草死亡，形成局部斑秃。如果预留一定宽度的铺装（通道）能够避免高温、辐射等因素影响植物生长。由此看来，九层屋顶花园的藤本植物依附网拍生长，比直接接触女儿墙生长更为合理。

### （2）小空间种植灌木的处理

屋顶绿化不同于地面绿化，植物生长需要的基质，只能人为提供。一般通过地形处理的手法，在基质较厚的地方种植灌木，较薄的地方种植地被植物。

十层屋顶花园的入口左侧要种植大叶黄杨球。大叶黄杨球属于小灌木类，根据屋顶绿化规范要求，至少需要 40cm 厚的种植基质。但此处绿地空间较为局促，故变换方式，将种植大叶黄杨球的位置加设圆形种植池，从而解决了基质局部厚度应满足大叶黄杨球生长需求与地形处理缓和自然之间的矛盾。

（3）通气口的灵活处理方式

九层屋顶的 17 个通气管的处理，对于设计初期的构思过程造成一定困难。通过多种设计形式的尝试，结合设计方案，最终选择两种改造外形的方法。绿地中的通气管在原有铁管外套不锈钢钢管；铺装中的通气管经与建筑协商，抹除一定的高度，用定制的木质座凳外壳统一包装，在保证基本通气功能的同时，扩展出座凳的功能，并且美观大方，满足景观观赏需求。

（4）色带图案边缘以不锈钢围挡分隔

佛甲草、酢浆草生命力较强且具有自繁能力，定植、进入正常生长后，因竞争会导致周边植物死亡。此外，作为色带种植，过度繁衍侵蚀图案边界，影响观赏效果。因此，该部分加设不锈钢围挡进行分隔。

本次项目施工时，在铺设基质完成后，根据种植放线图，将色带图案边缘采用 150mm 高不锈钢围挡分隔，之后再种植植物。植物根系在向侧方生长时，遇到钢板会受到阻隔停止生长，从而保证图案的完整性和观赏性。同时，实践证明，借助钢板的柔韧性，可以做出流畅顺滑的图案边界。

## 3.1.4.5　小结

屋顶绿化不同于地面绿化，屋顶花园是以建筑为载体的形式较为特殊的绿地，其设计构思、植物选择、小品布局和施工技术等受到建筑防水、建筑荷载等因素的限制，因此，必须处理好园林造景和建筑结构之间的关系。另外，相比地面绿化，屋顶绿化面积较小，设计时必须注重近人尺度和小空间的处理，植物选择必须精细，对于施工质量要求更高。

# 3.2　垂直绿化案例

## 3.2.1　墙面绿化案例

### 3.2.1.1　南京证大喜玛拉雅绿山建筑绿化

（1）项目概况

南京证大喜玛拉雅绿山建筑绿化项目，位于南京市雨花台区明城大道，比邻南京南站，于 2018 年 10 月完工，是国内第一座"建筑绿化山"。建筑总高 20m，占地面积 267m²，绿化表面积达 970m²。种植了 22 个植物种类，约 73600 多株植物。

该项目是一座商业建筑，外立面造型奇特，为异型近球面状，在其外围包裹了一层自然山体植物表皮，打造出近自然生态群落植物种植的立体绿化景观，改变了以往单一、面积小的绿化特点，成为一种新型的建筑外层面绿化形式。如图 3-31 和图 3-32 所示。

（2）项目设计

1）设计要求

南京证大喜玛拉雅中心商业综合体，总建筑面积约 56 万 m²，包含了住宅、办公、酒店、商业等多种功能。其中两个街区，以蜿蜒而来的空中走道化作潺潺溪流，将高山瀑布间的塔楼建筑、森林峡谷中的村落景观，汇聚成宜人的城市空间，人们漫步其中，构成一幅山水城林的诗意画卷。而

图 3-31　完工后的绿山与背景中的塔楼　　　　图 3-32　从塔楼俯瞰绿山

图 3-33　塔楼下的绿山　　　　　　　　　图 3-34　南立面效果图

绿山这一建筑绿化景观，正是这幅梦幻画卷中真实存在的绿色山体，同时具备商业功能，大幅提升其商业价值。见图 3-33 和图 3-34。

　　绿山建筑绿化项目的总体设计要求，是以现有构筑的钢结构设计为基础，营造近自然植物群落，打造街区中心区域的标志性建筑，提升商业综合体的园林品质和生态效益。由于绿山的高度、外立面的不规则性等因素，在深化设计过程中，充分考虑了垂直绿化荷载、建成后的便利维护和防风安全等方面，以适宜的植物、稳定的灌溉、规范的养护作为设计目标。

　　2）设计原则

　　在设计风格上，综合考虑建筑墙体荷载和绿化位置的光照、温度、高度等现状因素，主要遵循了以下原则：

　　①安全稳定原则：主要体现在基础结构的安全性、浇灌系统的稳定性、上部植物的防风措施、后期养护的安全便利等。

　　②生态效益原则：模拟近自然植物群落，增加生物多样性，充分发挥立体绿化对空气的净化作用，减缓城市热岛效应。

　　③高效节能原则：以智能控制、实时监测等高效的灌溉管理手段，提高植物成活率，节约和合理用水，大大缩减养护成本，体现绿色环保理念。

　　3）设计方案

　　①现状分析

　　建筑总高度 20m，绿化表面积约 970m$^2$。现有钢结构为异型双曲面近球面造型，垂直绿化荷载不大于 30kg/m$^2$；建筑四个方位都设有出入口，内部有楼梯可上二楼以及三楼的天台，二楼 2 个出入口分别连接街区的走道，形成立体空间。整个绿化区域不规整，立面弧度变化大，上层绿化区域无落脚点；建筑墙面随着高度、方位的不同，其光照差异明显，在植物选择与配置上具有一定难度。见图 3-35 和图 3-36。

②基础龙骨结构层设计

由于是双曲面异型的表面，根据钢结构设计图纸中檩条的间距，自行焊接成框体大片，用定制的连接件，与檩条相固定，以减少在檩条上穿孔，有利于钢构材料日后的防腐、防锈蚀，局部间距随曲度变化而进行调整。见图 3-37 和图 3-38。

③基础背板及防水设计

采用 20mm 厚 PVC 板，自下而上以螺栓固定在基层的龙骨上。PVC 覆盖板上下连接选用阴阳面类似盖瓦的形式，便于排水；左右搭接选用垫板进行补缝，加强防水和强度；接缝处选用工程胶进行密封，形成整体的防水系统。

图 3-35　异型钢结构造型

图 3-36　镂空的立体空间

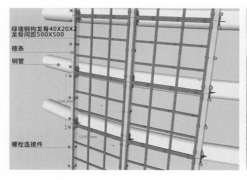

图 3-37　龙骨结构设计

图 3-38　PVC 覆盖板

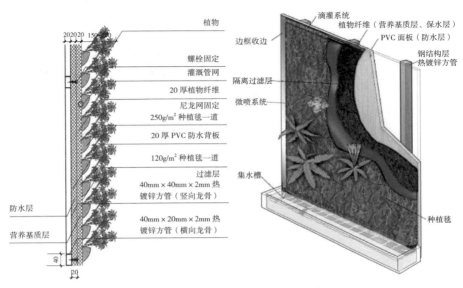

图 3-39　种植层技术系统设计示意

④种植层设计

以自主研发的种植毯植物墙专利技术为核心，设置了以种植基层、隔离过滤层和种植面层组成的种植层技术系统。见图 3-39。

A. 种植基质层采用国内首创仿自然山体覆盖层的生长介质，可长期为植物生长提供良好根系环境，在垂直绿化种植层上增加可滞留水分的纤维混合层，可以最大程度创造出湿润的仿自然地被生长环境。

B. 为防止种植基质在水的作用下流失，在种植基质表面设置隔离过滤层，固定在植物纤维层上，既可以透水也可以隔离过滤其他杂质。

C. 种植面层采用抗紫外线性能良好的种植毯。固定后，根据植株大小采用不同的种植密度开口种植。

⑤植物选择与种植设计

A. 植物选择

依据南京地区的气候条件及现场的环境，预判长期的环境变化，以乡土植物为主，适当搭配外来物种；以多年生常绿小灌木植物为主，同时具有适应垂直环境生长的植物种类。选择须根发达、生长速度和覆盖能力适中的植物；选择抗性强、适应性强，养护管理简单的植物；选择耐旱、耐高温的植物；选择耐寒、抗风雪和冬季显绿的植物。根据不同采光条件，配置生物习性不同的植物，每个立面至少确保 6 个植物种类。

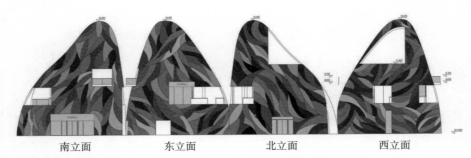

南立面　　　　　东立面　　　　　北立面　　　　　西立面

图 3-40　种植设计立面展开图

B. 植物种植设计

作为喜玛拉雅商区的中心区域，我们期望该建筑能够在日后形成一个自然的山体景观，让人与自然共生。在设计时，以南京特有的雨花石纹理为设计灵感，采用自然流线型生态群落种植方式，根据植物近互生共存的生长关系进行植物搭配。见图 3-40。

设计方案提供了 22 个种类的植物，根据墙面水分、肥力、光照的分布为依据合理配置，主要有金丝苔草、金边黄杨、金森女贞、小叶栀子、扶芳藤、火焰南天竹、花叶络石、红叶石楠、大吴风草、花叶长春蔓、八角金盘等。

⑥灌溉系统设计

A. 智能控制灌溉系统

由于植物需水量和蒸发量的差异，灌溉分组按照山体的阴、阳面，将滴灌分为 12 组、喷灌分为 6 组；采用轮流滴灌、喷灌补水的形式对植物精心灌溉；施肥采用施肥器并联滴灌分区，在滴灌的同时施肥器利用水动力驱动将肥料吸入滴灌管网；首部控制采用"绿墙宝"灌溉智能控制与监测系统，远程监控精准灌溉。

B. 滴灌管网

根据绿山的等高线以及南北向植物需水量的差异，将滴灌灌溉系统分成了六个区，十二个组来控制。见图 3-41。

C. 微喷分区

根据绿山等高线及面积将微喷系统划分为六个组。见图 3-42。

⑦维护及防风设计

采用钢丝绳由山顶而下，固定于结构层，形成钢丝绳网罩，既可以用

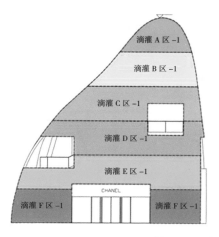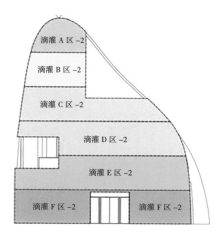

图 3-41 南北灌溉分区示意图

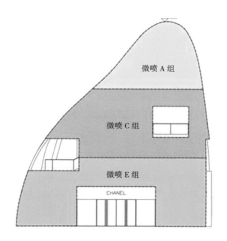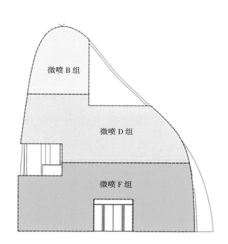

图 3-42 南北微喷分区示意图

于植物养护、苗木置换的维护通道以及人员落脚，又可以起到防风保护作用。养护系统由顶部攀爬支撑、顶部挂钩、钢丝绳网罩组成，在龙骨上面布设预埋支点。

（3）项目实施

1）施工流程

异型钢结构支撑行条施工→钢结构防锈处理施工→PVC覆盖板施工→PVC覆盖板防水处理→种植基层施工→灌溉管网布设、收边框、压条等施工→种植面层施工→种植植物层施工→灌溉控制管理系统安装、调试施工→防风钢丝绳加固→植物维护（浇水、施肥、修剪、治虫等）。见图3-43。

图 3-43 施工流程示意图

2）异型钢结构支撑行条施工操作要点

项目外形造型奇特，为双曲面异形的表面，在原有钢结构外，根据施工图纸要求，对钢结构支撑行条施工区域进行测量定位放线。

钢结构支撑行条采用热镀锌材质按照测量放样的模数网格，安装采用焊接固定。由于角度原因，必须双面满焊。焊接时加强垫块，增加焊缝长度，提高强度。焊接结束敲掉焊渣，将焊点磨平，做好防锈处理。

3）PVC 覆盖板施工操作要点

PVC 覆盖板的安装顺序、安装节点的控制直接影响着建筑外表面的平整度。本项目选用的是防水、耐腐蚀的专用种植背板。根据施工图纸要求，分区域编排布设 PVC 板，尽量减少 PVC 板的裁剪。安装 PVC 板时，采用不锈钢螺栓进行固定，确保每条搭缝都在钢结构支撑行条上。对 PVC 覆盖板防水处理的好坏，直接决定着绿墙对建筑外立面是否产生渗漏。PVC 覆盖板纵向安装的上下阴阳角方向不能反，要安装正确，保证排水。PVC 覆盖板横向填补的 PVC 板必须固定牢靠，将缝隙补牢。所有接缝处，采用防水卷材收边。

4）灌溉管网及控制系统施工操作要点

整个灌溉系统施工分为首部控制、滴灌系统和喷灌系统。本项目首部控制采用"绿墙宝"灌溉智能控制与监测系统，可对灌溉水流、空气温湿度进行实时监测，记录灌溉日志，并对浇灌异常实时预警，提高了灌溉系统的稳定性，直接决定了整个绿山植物的成活。安装须符合相关的安装施工规范，保证用电和用水安全。安装完毕后，连接灌溉主支管进行设备调试和设施调试，对灌溉管网进行分区设置，分区后进行分区调试浇灌时间，保证浇水均匀，施肥有效。

采用轮流滴灌、喷灌补水的形式对植物精心灌溉，并配备施肥系统。灌溉主支管的铺设应平整在一个平面或曲面上。每次施工时管口临时封堵，防止杂物掉入堵塞管道。灌溉滴头或喷头安装间距按照安装图纸要求进行开孔，不可重复开孔。管道系统在竣工验收前用清洁水冲洗管道，将管道内脏污杂物冲洗干净。

5）种植基层及种植面层施工操作要点

种植基层是提供植物水分、养分的重要保证层，本项目采用了公司自主研发的仿自然山体覆盖层生长基质，即柔体基盘，可长期为植物生长提供良好根系环境，在垂直绿化种植层上增加可滞留水分的纤维混合层，最大程度创造出湿润的仿自然地被生长环境。施工时，采用不锈钢枪钉进行固定，间距 100mm，不允许出现漏打。

种植面层提供植物栽植的空间，并起到支撑作用。本项目采用了进口聚酯纤维，材质透气透水、根系易附着，耐腐蚀、抗紫外线 UV 性能良好，施工时采用不锈钢枪钉固定在种植基盘上，保证紧密结合，表面平整。见图 3-44 和图 3-45。

6）种植植物施工操作要点

植物栽植时将营养钵去除，去除枯枝败叶，将植物直接植入栽植孔，根部与栽植孔边缘平齐，注意对植物根部和茎叶的保护，避免造成植物茎叶损坏后的死苗。植物栽植后，将植物根部与种植面层紧贴，采用不锈钢枪钉对栽植孔腰线左右及底部进行固定。见图 3-46 和图 3-47。

7）钢丝绳防护系统设计

考虑植物养护和绿山系统的安全性，我公司在植物层上设计了钢丝绳防护系统，既可以在种植系统表面形成网格状防护罩，起到固定和防风作用，又可以作为养护"蜘蛛人"的维护落脚点。

（4）后期养护

设备维护主要工作有：根据季节变化，调整设定灌溉系统时间；调整植物的营养供给平衡；对管网设施进行季节性维护保养（如过滤器定期清洗、冬季排空防冻，排水孔清理杂物、清洗滤网等）。"绿墙宝"智能监测和控制系统能 24 小时在线监测灌溉系统的运行，并实时将异常预警上报管理人员，同时还能记录运行数据，提供可追溯的历史记录和数据。图 3-48

图 3-44　柔体基盘安装

图 3-45　种植面层分段施工

图 3-46　植物放线种植

图 3-47　三层植物种植

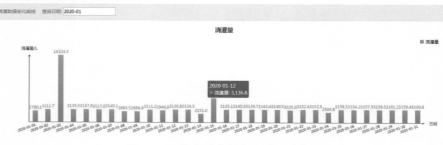
图 3-48　设备正常运行，灌溉稳定

为 2020 年 1 月设备浇灌图表，除 1、3 日出现明显灌溉异常后养护人员去现场检查外，日常灌溉较均匀稳定，远程监测和控制大大节约了维护成本。

（5）结论

建筑墙体绿化，为建筑量身打造绿色外衣，注入新的生机，是一种富有生命力的建筑形式。与传统地面绿化相比，建筑墙体绿化可增加周围空气湿度和含氧量，增强空间的立面视觉效果，能更好地发挥植物的生态效益，实现绿化技术与建筑艺术的完美结合，达到"近自然"与"近生态"的艺术感受。

### 3.2.1.2　南京紫东 G5 生态会议中心酒店墙面绿化

（1）项目概况

南京紫东 G5 生态会议中心酒店，坐落于风景秀丽的紫东国际创意园内，背靠独具"天然氧吧"的紫金山，酒店内庭院开阔、绿树成荫。整体建筑采用低楼层设计，秉承生态环保的建设和装修理念，酒店内外采用了全方位立体绿化：以植物墙为主的绿色生态大堂、成片的绿色植物外墙、郁郁葱葱的屋顶花园，使整个酒店置身于一个大型的天然氧吧之中，与紫金山融为一体。

酒店共三层楼，从室外到室内、从一楼到三楼，随处可见的绿墙设计精致、目不暇接。本项目的垂直绿化从 2014 年 7 月开工，到 2014 年 9 月完工，历时 2 个月，由 32 块景观绿墙构成，垂直绿化面积共 1041m²，其中室内绿墙面积 355m²，室外绿墙 686m²。见图 3–49 和图 3–50。

（2）项目设计

1）设计要求

本项目是体现室内装修与整体建筑风格所建立的复合型绿墙项目，总体设计要求是配合由国外设计师设计的建筑和装饰风格，立足园林景观式、低碳环保型和高度智能化建设理念，突出创意园会议中心"绿色生态"的主题，使生态会议中心更添健康、绿色、生态等多元素。

2）设计原则

由于绿墙数量较多且散布于酒店室内外，在设计过程中，综合考虑了

图 3–49　酒店外观　　　　　　　　　图 3–50　大堂绿墙

建筑墙体室内外温度、光照、风向等现状因素，对灌溉方式、植物选择等进行深化设计，使绿墙最大限度地发挥生态功能，并起到建筑节能效果。根据设计要求，设计方案主要遵循了以下原则：

①安全耐久原则：主要体现在基础结构的安全性，特别是建成后绿墙结构的安全性、选用材料的耐久性、植物生长的持久性等。

②生态环保原则：选用大量制氧能力强的植物，调节室内空气温湿度，起到净化空气、低碳节能、隔离噪声的作用，营造健康自然的环境，为客人带来安静舒适的入住体验，也为园区注入更多新鲜活力。

③智能管理原则：运用远程控制系统，对分散的墙体实现高效智能管理，确保水肥灌溉的均匀性和系统运行的稳定性，结合便捷规范的日常养护管理，提高植物成活率，节水节能，降低养护成本。

3）设计方案

①现状分析

G5 生态会议中心分为地上三层及地下一层，是一家主打会议活动的特色酒店。其中室内有 26 块绿墙，分布于酒店大堂、二、三层的过道、休息区等处。室外绿墙有 6 块，分布于建筑的西南、北和东南面。大堂及大厅墙面均为贯通三层的垂直绿化，服务台及休闲区墙面则是不规则弧形的垂直绿化，其他楼层的室内墙面较为规整。室外墙面直达屋顶，与屋顶花园相互联接，形成绿量充沛的立体花园。见图 3-51~ 图 3-54。

建筑墙面随着高度、方位的不同，其光照、风力差异明显，植物的合理选择与配置尤为重要。分散的墙面，也增加了智能灌溉设计的难度。

②基础支撑结构的设计

根据墙面位置、高度和计算的荷载，选用 80mm×80mm×4mm、40mm×40mm×3mm、40mm×20mm×2mm 三种型号的热镀锌方管，布设密度为横纵间距 600mm。

图 3-51　服务台不规则绿墙

图 3-52　休闲区弧形绿墙

图 3-53　室外绿墙　　　　　　　　图 3-54　从屋顶花园看室外绿墙

③补光与景观灯光的设计

本项目分室内植物墙和室外植物墙两部分，其中室内有 26 块绿墙，绿墙位置有小部分的离窗户正面较近，有明亮光线；大部分接近北向窗户或离直射光的窗较远，处于半荫状态；还有少部分远离窗远，处于比较阴暗的区域。室外绿墙有 6 块，分布于建筑的西南、北和东南面，光照条件基本不错。

根据以上实际情况，在室内绿墙上我们选择了金卤灯作为补充光源，同时起到亮化作用。

④种植层设计

采用改良型种植毯墙体绿化系统专利技术，替代传统的土壤栽培，大大降低种植墙面荷载。柔体基盘是改良型种植毯区别于一般种植毯植物墙的关键之一，也是该类植物墙的核心材料。柔体基盘是提供植物水分、养分的重要载体，其质量好坏和耐久长短直接影响以后的植物墙生长。

种植袋是覆盖在柔体基盘的表面用于固定植株土球和根系的表层覆盖物，一般是由两层非织造聚酯纤维构成，内层要求透水透气根系能轻松穿入里侧的生长基盘里，外层要求有一定的强度和抗老化性能，能够长久稳固植物。

⑤植物选择与种植设计

本项目植物选择与配置综合考虑了植物生长环境极限温度、墙面光照、室内空调暖气等设施的出风口与绿墙位置的关系、室外绿墙的冬季风向问题等因素，秉承适用、美观、经济的原则。

A. 植物选择

本项目室内主要选择了合果芋、鸟巢蕨、袖珍椰子、红掌、吊兰、鹅掌柴、龟背竹等15种植物；本项目室外主要选择了大花六道木、金边黄杨、千叶兰、熊掌木、金丝苔草、大吴风草、花叶络石、红叶石楠等12种植物。见图3-55。

B. 种植设计

本项目采用自然流线作为主要设计线条，通过植物叶型和颜色上的差异，产生较强的视觉冲击，给人清新明亮又充满生机的印象。见图3-56。

⑥灌溉系统设计

A. 灌溉控制系统设计

G5 绿墙项目室内外分为大小32块，按楼层采用了4套远程灌溉控制系统，对灌溉系统的运行情况进行实时监测。控制区位于每个层楼的设备间，分设了44个灌溉区，主管采用 φ32PPR 管，在楼板装修的同时预埋在地板底部。

B. 排水系统设计

绿墙底部排水系统的设计主要有集水槽的宽度、集水槽的高度、排水孔的数量、排水孔口径的计算和设计以及与建筑排水系统的连接设计，要求排水顺畅和不易堵塞。

（3）项目实施

1）施工流程

基础墙面施工→框架龙骨层施工→背板层安装→种植毯基层安装→种植毯基盘层安装→灌溉主管、支管布设及附件安装→灌溉控制系统安装及

图 3-55　室外西面绿墙实景　　　　图 3-56　绿墙线条流畅，图案优美

调试→种植毯面层安装及种植图案放样→植物种植及调整→维保（设备维护和植物养护）。

2）支撑结构的安装

根据墙面位置、高度和植物墙的荷载进行支撑龙骨的间距密度布设。现场拼接或点焊一定要牢靠、稳固，每一个焊点或螺丝固定节点都要精细、安全、质量可控。再精准的设计和现场都会有差距，需要在施工过程合理调整，注重重要节点和细节处理，符合相关要求。

3）背板的安装

施工前应提前预排板材模数，施工过程尽量减少板材裁剪，杜绝随意拼接。施工时保证 PVC 板每条相接搭缝都在龙骨架上，背板与龙骨贴合平整。固定燕尾螺丝按照龙骨的横、纵间距打孔排列，螺孔的间距为 300mm。固定螺丝帽头下凹 2~3mm，并用结构胶密封。

4）灌溉系统的安装与调试

本项目第一道支管设置在墙体顶部，第二条支管设置在第一道支管垂直向下 100cm 处，第三道支管距离第二道 120cm，滴头自上而下布设，第一道滴头间距 60mm，第二道滴头间距 100mm，第三道滴头间距 120~150mm。主管网安装完成，滴头安装前对管路进行压力测试，确保管道不漏水；压力测试完成，就要对管道进行由上而下逐级进行冲洗，关闭各支管进口阀门，对主管进行冲洗，再关闭主管末端阀门，冲洗支管，最后关闭支管末端阀门，冲洗滴件和滴头。

滴灌系统安装完成后，我们进行了 8 小时的运行试验，检查每个滴头都能正常滴水，及时修复灌溉不均匀的地方，保证整面绿墙出水均匀和稳定。预制或现场焊接的集水槽安装完成后，要同样进行蓄水防漏试验，确认所有水槽不渗漏。

5）种植基层及种植面层的安装

种植基层（柔体基盘）是改良型种植毯技术的核心，是将常规种植毯与有机基质框体技术的结合创新。种植初期基盘可以充分地吸收和储存水分，为新植植物的成活和根系生长提供良好条件。本项目采用的基盘为优质的水苔基质，提前在基地预制为 500mm×500mm×30mm 的模块，现场直接将模块用气枪钉整齐固定到施工完成的背板上，要求排列整齐，边缝靠紧。施工完成表面平整。

灌溉系统安装调试完成，就可以安装种植面层（种植毯或种植袋）。本项目室内采用了种植毯，室外采用的则是种植袋。种植毯是分层进行固定，首先将黑色种植毯，从左向右，由上而下用码钉横纵间距为50cm初步固定到基盘表面，铺设平整无褶皱。第二步将第二层种植毯波浪状覆盖在第一层种植毯上，按宽度的110%留有长度，按间距为80cm固定码钉。种植袋是将种植毯按一定密度要求，预先制作加工成规格为100cm×60cm，40个种植孔的块状，安装时要将种植袋直接用码钉打到基盘表面即可，种植袋安装要注意排列整齐。

6）植物的种植

种植袋由于表面层有植物定位种植孔，每平方米的种植数量都是固定的，只要选择的植物规格符合设计要求，种植起来相对简单，施工速度也很快。

而种植毯相比种植袋而言，种植起来工序要复杂和需要一定技巧。先要根据种植设计图纸，在种植毯表面进行整体放样标志植物名称。种植时，先把图案的轮廓种植好，再填充内部，而且密度要根据植物体量大小进行人为控制。

种植前脱盆，去除浮土，然后将植物根部用薄型无纺布包裹。先种植图案轮廓，再按从左向右，由上而下的顺序栽植，植物排布要梅花点或上下位置错开进行。轻压种植毯表面使植物根部与种植基盘紧紧相贴，最后用码钉在栽植穴的腰线下和底部进行固定。

（4）后期养护

整个墙体绿化系统比较分散但养护管理起来并不烦琐，这要归功于远程控制水肥一体自动灌溉系统，该系统把32块景观墙分成4个区域进行灌溉控制。养护人员可以远程在手机端、电脑端对灌溉进行实时监控和操作，确保了水肥的正常供应，保证了植物墙的景观效果。设备维护工作主要为控制系统及管网设施的维护保养，如：过滤器定期清洗、冬季排空防冻、排水孔清理杂物、清洗滤网等。

（5）小结

本项目室内外墙面绿化，采用改良型种植毯墙体绿化系统，安装了网络远程控制系统，使植物墙在简单维护条件下，也能保持良好的景观效果。到目前为止项目运行已近六年，植物生长茂盛，系统运行稳定。见图3-57和图3-58。

图 3-57　二楼休闲区室内绿墙　　　　　图 3-58　二楼观景台室外绿墙

### 3.2.1.3　浙江建院建筑规划设计院墙面钢丝绳藤蔓绿化

（1）项目概况

浙江建院建筑规划设计院墙面改造工程项目位于浙江省杭州市下城区德胜中路，墙面绿化改造面积约 1400m²，采用的是钢丝绳藤蔓绿化系统。见图 3-59。

该项目是一座既有办公建筑墙面改造工程，施工的核心技术是在传统藤蔓式植物墙基础上，依托建筑与牵引物完美融合，形成的具有时代特色和充满活力的新型绿墙。该墙面绿化技术将植物层和墙面分开，在中间形成流通空气层，在对墙面起到良好遮阴隔热效果的同时，能够有效避免墙

图 3-59　实施完成后的初期效果

面长期处于潮湿环境，避免藤蔓植物分泌的汁液腐蚀墙面，继而对墙体进行生态保护。

（2）项目设计

1）设计要求

本次墙面改造的总体设计要求是以"彰显企业特色、打造绿色地标"为设计理念，在既有墙面结构基础上，以低成本、高成活率、景观效果好为目标，将建筑更加融合自然、贴近生活。

2）设计原则

结合建筑外墙面现有结构条件，综合考虑建筑墙体荷载、外墙面栅栏的稳固性、待实施绿化墙面的朝向、风力、光照等现状因素，设计方案主要遵循了以下原则：

①安全稳固原则：主要包含两个方面，一是工程结构的安全性，表现在基础结构、种植槽、钢丝绳安装的安全性等；二是表现在人员操作安全，表现为自动浇灌系统的稳定性、后期养护的安全便利等。

②经济美观原则：在保证形式美感、功能实用的前提下，选用低成本的种植形式、灌溉方式与植物种类，有效降低建造和维护成本。

③生态持久原则：以智能控制、高效节能的灌溉管理手段，提高植物成活率，实现吸尘降噪、保护原有墙面结构、节能环保的生态效益，达到可持久的景观效果，提升建筑景观价值。

（3）设计方案

1）现状分析

①该建筑与川流不息的德胜高架相邻，不远处是宣杭铁路。高架与铁路的噪声、近距离高架产生的灰尘污染，都对建筑内工作生活的人们造成一定影响。

②建筑总楼层为8层，楼高24m左右，需要对建筑南墙面、北墙面和东墙面的部分位置进行藤蔓绿化实施。

③建筑外墙面设计了不锈钢材质栅栏，利用螺栓将这些栅栏固定其上，使得整栋楼的钢丝绳藤蔓系统进行分层种植，增加种植的景观效果。

2）详细设计方案

利用建筑墙面的特定构造，在离开墙面一定距离的空间，增加设置牵引绳、不锈钢种植槽等辅助设施，使植物的茎干枝叶自然攀爬或通过人工绑扎在这些辅助设施上，从而实现墙面的绿化。

后期通过牵引、绑扎的技术手段来辅助藤蔓绿化植物的攀爬，可以加速植物墙的成型速度。同时也可以把植物限制在特定空间内，便于修剪造型和生长控制。在不同楼层采用分段式种植槽种植，安装自动控制系统，运用滴灌系统进行浇水施肥。

3）植物选择与种植设计

根据墙面的小环境来选择耐荫或喜阳植物。依托支撑结构可以选择藤本月季、油麻藤、紫藤等攀爬性不强，但生长速度快的藤本植物，可以实现快速绿化。在本项目中，由于建筑四周环境除了向西有一处建筑，其余三面采光通透，通风性好，所以在植物选择上采取了意大利络石、常春藤等向阳类的藤本植物，一是植物自身喜阳，生长条件适宜；二是该两种植物混植，常绿与落叶结合，既在夏日起到遮蔽作用，在冬日又不妨碍建筑采光。

（4）项目实施

1）施工流程

原有墙面粉刷处理→墙面支撑钢构焊接→钢丝绳牵引安装→种植槽安装→种植槽内基层处理基质回填→给排水管道安装→苗木种植牵引→后期养护。

2）墙面支撑钢构焊接

钢构采用镀锌方钢，为保证支撑钢构的承载力，钢构的规格根据建筑的高度进行计算。在墙面上打入化学螺栓和预埋板对钢构进行焊接和螺栓锚固。

焊接注意事项：焊接横向水平，竖向垂直，焊接处必须进行防腐处理，刷防锈漆。

3）钢丝绳牵引安装

牵引钢丝绳选用多股的不锈钢钢丝绳，钢丝直径 3~5mm，牵引横向间距为 200~500mm，竖向间距为 2000~5000mm。安装注意事项：钢丝绳安装时需平行绷紧，接头绳扣装牢，避免松垮。

4）种植槽安装

种植槽根据设计进行预制加工，采用不锈钢材质。深度为 400~600mm、宽度为 300~400mm、长度为 2000~4000mm，底面或侧边间隔 2000mm 留 $\phi$50mm 排水孔。安装注意事项：不锈钢种植槽制作焊接时需满焊，接口防水处理。在安装时种植槽需水平摆放。

5）种植槽内基层处理

种植槽内的基层处理主要为排水口过滤网安装、导水透气软管摆放、陶粒回填、过滤无纺布铺设、种植基质回填。

注意事项：过滤网安装应凸面向上，防止堵塞。陶粒层回填厚度与透水软管直径一致，过滤层铺设需高于种植槽侧边，基质回填需低于种植槽侧边，防止回填的基质流失。

6）给排水管道安装

给排水管道的安装分为排水安装和给水安装两部分。排水管道采用 $\phi$50mmPVC 管接入种植盆排水孔进行排水。给水利用自来水或二次供水，通过 $\phi$32mmPPR 主管道从上到下给水，每一层用 $\phi$20mmPE 管，采用滴灌的方式把水均匀地灌溉到每一个种植槽的每一株植物。

7）苗木种植牵引

根据气候条件，因地制宜地采用常绿藤蔓植物，脱盆种植于种植槽基质内，再将植物的藤蔓牵引绑扎到钢丝绳上。

注意事项：植物根部要完全埋入基质，才能使灌溉的水完全渗透到植物。牵引绑扎采用可风化降解或可自松绑材料。

（5）后期养护

1）设备维护

设备维护主要工作有：灌溉设备定期检查控制程序，灌溉管网、喷头是否正常，注意灌溉水压变化，及时调整灌溉程序。冬季对灌溉设备采取防冻排空和保温措施。

2）植物养护管理

植物养护主要内容有灌溉、修剪、施肥、防虫等。定期清理枯枝烂叶，及时对死亡或景观效果不佳的植物进行更换。根据季节和植物的生长周期，对植物进行适量的施肥，可通过灌溉系统的水源添加，也可直接放入种植槽，但注意控制肥量避免烧苗。病虫害防治应遵循预防为主的原则，尽量采用生态措施防治。

（6）小结

藤蔓型植物墙具有建造成本低，成型花费时间长，成型后维护费用低的特点，是公认的优秀自然墙面绿化系统，也是最易实现永久绿墙的技术形式之一。在种植条件具备的前提下，应该优先选择更具有生态性的藤蔓型植物来实施立体绿化，改善生态环境。

## 3.2.2　阳台沿口绿化

### 浙江长兴朗诗阳台沿口绿化

（1）项目概况

浙江长兴朗诗阳台沿口绿化，采用了悬挂型、摆放型和附着型的装配式绿化种植容器，对其中三幢建筑物的阳台、窗台等沿边区域进行绿化，提升建筑外立面品质和多样性推广绿色生活理念。见图 3-60~ 图 3-62。

（2）项目设计

1）设计要求

项目要求针对三幢建筑物阳台、窗台的不同特点，在不破坏现有建筑外立面的基础上，选用适宜的容器和植物进行点缀装饰，优化和美化阳台区域内外立面，以低成本、快速化的施工技术打造建筑阳台花园。在详细设计中，还要求兼顾安全、实用、美观、经济等方面。

图 3-60　阳台悬挂效果

图 3-61　露台附着型绿化效果

图 3-62　窗台摆放效果

2）设计原则

由于三幢建筑物的建筑风格不一，阳台窗台的绿化需要结合特有的建筑造型与结构，综合考虑阳台承重、光照等因素，在设计方案中遵循以下原则：

①体量搭配原则：盆器口径要与植物冠径相衬，以轻型材质为主。主要骨干植物占据容器的 25%，其余穿插点缀植物占 10%。

②线条搭配原则：围绕主要植物依次布置，避免完全轴对称。立面设计高差有致，高植物放后，低植物放前，爬藤植物作点缀。合理运用对比色和相近色，错落有致。

③色彩搭配原则：盆器颜色应与墙面色调保持统一，在深浅上做出变化。植物以绿色为基调，运用花卉在色彩上跳色，并且呼应盆器的颜色。植物色彩不宜过多，绿色为主基调，配合叶片花朵的色彩变化，丰富色彩组合。

3）设计方案

①会议培训楼栏杆及窗台

A. 现状分析

会议培训楼下半部分为框架结构，上半部分采用重木结构，原样再现了欧洲木结构建筑。现有金属栏杆位于正门入口顶部，栏杆高度 1.2m，整体风格简单，显得单调，需要种植花草来增添光彩，种植容器的选择需要与建筑风格呼应，简约美观。外墙窗台为单面开窗形式，建筑窗户尺寸不是常规尺寸，但窗台宽度较大，适宜选择摆放型种植盆栽植草花美化装饰。

B. 详细设计

栏杆绿化设计方案

现有二层金属栏杆结构稳固，通过采用悬挂式的绿化种植盆，实现栏杆的改造和美化，选用的种植容器需要考虑坚固耐用，安装简便，以满足装配式沿口绿化使用寿命长久、施工便捷的特点，同时为了安全考虑及后期植物浇水、更换养护方便，方案选用带有蓄水装置的进口种植盒，并将悬挂种植盒安装在栏杆扶手外侧。植物种植形式主要是直立性鲜艳草花搭配垂挂的藤本植物。

窗台绿化设计方案

结合窗台实际情况，选择形式简约美观、与建筑外观风格协调的种植盆。种植容器尺寸不遮挡窗台视线，也不影响窗台正常使用。由于该窗台边缘倾斜，摆放的种植盒为了安全稳固考虑，将底部找平，便于安装固定。并且自带蓄水装置，便于人工浇水及后期维护管理。

②布鲁克建筑阳台及窗台

A. 现状分析

该建筑阳台为凸型阳台，阳台四周为装配式建筑外墙板与金属玻璃栏杆围合而成，目前装饰美化的重点区域是玻璃栏杆。布鲁克装配式建筑的建筑形式及窗台结构，对窗台沿口绿化美化种植容器有所限制，不便于常规种植盒等容器产品直接悬挂摆放，窗台尺寸底部尺寸较小，外围安装固定不便，种植容器需要根据窗户宽度尺寸定制。

B. 详细设计

阳台绿化设计方案。将种植容器安装于玻璃栏杆扶手上，可选用种植容器有两种，一种坚固耐用，尺寸适宜的进口种植容器悬挂布置，该产品造型简约美观，安装方便且固定牢固，满足高层建筑阳台安全实用功能。另外一种是国产种植盒卡盆，该产品卡扣在定制的钢丝网片上，并整体附着安装于建筑阳台栏杆扶手，由于卡盆模块层数多，固定方式简单直接，为了安全考虑和便于后期盆内植物养护更换，施工实施将该模块产品安装于栏杆内侧，便于阳台使用者观赏及维护。

窗台绿化设计方案。该建筑窗台解决方案是利用不锈钢定制种植槽，卡扣安装于建筑窗户外侧底部，同时在容器内设置蓄水自动上水装置，解决植物种植后期浇水问题。

③实验楼露台及阳台

A. 现状分析

实验楼是一幢钢结构建筑，其露台侧边外墙裸露了设备排风管与排水管道，影响美观，建筑外墙的绿化装饰布置条件有限，需要结合现有建筑装饰板。二层阳台目前为凸型阳台，阳台由金属玻璃栏杆围合而成。

B. 详细设计

a. 露台绿化设计方案

在建筑外墙底部边缘摆放大规格的种植盒，种植盒内侧边缘与建筑二层装饰板底部边缘用钢丝绳连接，使盒内栽植的爬藤植物依靠钢丝绳牵引攀爬。现有建筑的其他外立面现攀爬了长势较好的爬山虎，整体覆绿效果较明显，但缺少开花植物，所以本次方案种植盒内植物选择了油麻藤与凌霄混合栽植，保证快速攀爬覆绿的同时也能有开花类的藤蔓植物展现效果。见图 3-63 和图 3-64。

b. 阳台绿化设计方案

将种植容器安装于玻璃栏杆扶手上，方案选用的悬挂种植容器简约美观，白颜色的外表面与白色建筑装饰板相呼应，种植盒内种植色彩鲜艳的草花与垂挂藤蔓植物。

c. 容器固定方式

根据不同的种植容器可分为直接固定与辅助件固定方式两大类。直接固定方式是利用其本身具有的可固定件进行固定。辅助件固定方式主要依靠挂架、防滑垫、卡条、钢丝或钢条等非容器本身固定件，结合建筑物或构筑物的外形结构对容器进行固定。

d. 灌溉方式

阳台沿边绿化的灌溉方式主要分为两种，即蓄水型半自动灌溉与外设全自动灌溉系统。灌溉方式的选用主要是依据工程需求水量与施工条件所决定的，外设型灌溉铺设技术可以参照墙面绿化的灌溉技术。

e. 植物选择

在植物选择中必须按照阳台的环境类型，结合阳台朝向及生态因子变化，因地制宜选择适合的花木种类，并且合理布局，巧用空间，细心养护，才能使花卉生长发育良好，充分显示其观赏效果。此外，植物的选择还应尽量考虑从四个方面：阳台绿化多用花盆及种植器，容积小，宜选择须根系的花木类型；选择观赏价值大，植株矮小、紧凑的花木；注意选择不同花期的植物种类，做到四季有花，次第开放，以花期长、色泽艳者为优；

图 3-63　实验楼露台效果图　　　　图 3-64　实验楼阳台初步完成效果

选择适应性强、耐旱、耐热、抗污染的绿化植物。

f. 种植设计

阳台景观色彩的运用不能单独进行，应根据整体环境确定一个主色调，再搭配与主色调相协调的其他色彩，切不可色彩上对比过于强烈，太强烈容易造成居住者在感官上的不适。在植物设计时，应考虑植物的色彩变化与周围环境的色彩相协调，色彩过度要柔和。见图 3-65。

（3）项目实施

1）施工流程

现场勘查→确认绿化形式与种植容器→后场模块种植→现场模块固定→灌溉方式与安装→施工期维护。

2）现场勘查

施工开始前，先进行现场勘查。按照建筑学原理区分，阳台可以分为凸阳台、凹阳台和复合型阳台，不同的阳台类型需要选用不同蓄水种植盆，主要是盆器的材质与尺寸，勘查时重点应关注以下环境因子。

图 3-65　阳台沿边植物搭配方案示意图

①安全因子：例如建筑高度、风力等

首先阳台绿化要符合国家对建筑绿化的规范规定，符合建筑物或构筑物可以承载的荷载量。一般高层建筑或建筑周边人群密集的区域不建议建设外立面的阳台绿化，因为随着建筑楼层的增高，阳台风力也涉及安全问题，部分工程可以根据风力情况，采取必要的措施加以固定。

②植物生长因子：例如光照、湿度、温度等

不同阳台类型，尤其是不同朝向的阳台，光照、温度、湿度等条件差异巨大，这是制约绿色植物选择的主要因素。所以要根据不同的阳台朝向，选择不同的植物种类或品种。

本项目阳台绿化实施初期选用了四季海棠、超级矮牵牛、金叶络石、繁星花、马齿苋等植物，同时提出后期可供更换的植物种类，如角堇、石竹、常春藤等植物。

③水源及排水系统

小型的阳台绿化工程，一般蓄水型种植容器自身的水容量可以基本提供一段时间的水源供给，只需安装一个手动的灌溉系统或人工进行灌溉，即可满足日常需求。大型的非人工灌溉阳台绿化工程，需要考虑安装外设的灌溉系统，勘查现场时需要注意有无水源及排水系统。

3）确认绿化形式与种植容器选择

①确认绿化形式

根据现场勘查的情况来看，在本项目中针对阳台栏杆，采用的是悬挂型绿化形式，如会议培训楼栏杆、布鲁克建筑阳台及实验楼阳台；针对建筑窗台，采用的是摆放型绿化形式，如会议培训楼窗台和布鲁克建筑窗台；在实验楼露台，采用的则是附着型绿化形式，以植物牵引、攀缘形式装饰建筑外墙。

②种植容器选择

A. 容器材质选择

按照阳台沿边绿化解决方案的使用条件，采用以高分子聚合物材料制作，且表面至少附有防护涂层两种以上的容器。

B. 容器功能选择

本项目选用具有各项技术集成且材质轻盈的蓄水型半自动上水盆器，作为种植载体。蓄水型盆器一般是由蓄水外盆，内胆种植盒用嵌套的形式结合，以实现科学灌溉的目的。

4）后场模块种植

①种植基质种类与厚度控制

根据阳台植物所处环境要求，采用质地轻、容重小、通透性强、保水保肥好的混合基质，比如用珍珠岩、树皮、陶砾、草炭等进行配制。基质厚度根据盆器高度，一般将种植基质的厚度控制在容器整体的 2/3~3/4 左右，留部分空间，防止梅雨气节雨水流入过多致使盆内泥水漫出。

②基质重量与配比

本项目所选用的栽培基质根据不同的重量需求，选择的配比也不尽相同，例如摆放型阳台绿化由于其多数重心力量由建筑结构承担，且主要固定力为底面摩擦力，那在基质选择上以重量较重的基质选择为佳；而悬挂型阳台的着力方式主要是以点的形式存在，如果基质过重，可能会对建筑物或构筑物造成一定的损害，所以要选择轻型基质进行种植。

5）阳台沿边绿化容器固定

本项目种植容器的固定方式采用辅助件固定方式，根据选用容器所配套的辅助固定件进行固定。在阳台栏杆固定时，主要依靠挂架、防滑垫、卡条、钢丝或钢条等非容器本身固定件，结合栏杆对容器进行固定。在窗台固定种植容器时，要先对边缘倾斜的窗台底部找平，或利用不锈钢定制种植槽，再进行辅助件安装固定。见图 3-66。

6）阳台绿化灌溉方式

本项目选择蓄水型半自动灌溉方式，通过选用蓄水盆器，定期以人工或自动的方式将蓄水槽注满，再通过种植容器本身的设计原理，使得蓄水槽水分自动到达植物根部，从而达到自动上水的功能。

本项目中，会议培训楼、布鲁克建筑及实验楼在阳台窗台绿化时，采

图 3-66　现场进行辅助件的安装

用了具有蓄水功能的悬挂型或摆放型种植盒，利用人工方式对蓄水槽进行蓄水，进而达到灌溉目的。而在实验楼露台绿化中，种植盒灌溉则是利用现有雨水管道，将收集来的雨水，经过滤后流入带有蓄水装置的种植盒中，实现节水灌溉。

（4）后期养护

阳台沿边绿化平日养护主要涉及盆器内的蓄水情况和植物的生长情况，同时还应注意以下几点：

1）设施维护：阳台沿边绿化的相关设施及构件应按照相关规定定期检查维护，超出有效期的结构件、连接件应及时更换；为防止搭接部分、螺钉和螺母的松动，在梅雨季节后、台风后、植株落叶时要加强维护和检修力度。

2）灌溉系统维护：灌溉系统应定期维护保养，防止滴、漏、渗及堵塞等现象，冬天应做好保温防冻措施。

3）植物维护：植物日常养护需主要关注容器内的水分储存量或远程监控灌溉系统是否能够运作，修剪时要注意人身安全。

4）施肥：应根据植物生长季节和长势选用高效肥进行补给，建议每月至少施肥1次，保证植物生长旺盛。

5）病虫害防治：春夏病虫高发时，对植物进行适当喷药处理。

（5）小结

本项目主要包含了阳台沿口与窗台沿口两大类，绿化形式主要为悬挂型沿口绿化、摆放型沿口绿化与附着型沿口绿化。在实施过程中，需要考虑阳台或窗台的室外具体摆放区域条件（如窗台尺寸、采光条件、养护便利等），在不影响观景视线和使用功能的同时，还需要与建筑装饰风格相协调，营造具有一定设计美感的景观绿化。随着建筑阳台沿口的美化提升，可改善城市生态环境，对城市居民人文与心理环境的调节起到重要作用。

## 3.2.3 桥体绿化案例

### 3.2.3.1 上海高架桥体绿化案例

（1）项目概况

上海的高架桥柱绿化自"2014年延安路高架桥体绿化改造"项目拉开序幕，先后完成了延安路高架、浦西和浦东中环高架、浦西和浦东外环高架、南北高架、北翟路高架、沪闵路高架、内环高架桥柱、申通地铁轨道等桥柱绿化，截至 2017 年年底，共完成各类可绿化桥柱 25000 余根。

高架沿口绿化改造提升始于 2018 年第一届中国国际进口博览会期间，实施范围包括申字形高架（延安高架、南北高架、内环高架）、中环（浦东）、华夏路高架、沪闵路高架、逸仙路高架以及延中立交、鲁班路立交等，总计约 16 万盆。

（2）高架桥柱绿化建设

1）高架桥柱绿化设计

①空间要求

A. 可绿化高架桥柱选择

应选择处于全光照或半荫的高架桥柱作为可实施绿化高架桥柱，并优先选择立交桥柱、绿地内桥柱，及重点区域所在的桥柱。其中绿地内桥柱以主线外侧桥柱，超过主线外延 3m 的高架桥柱一般不建议实施绿化，主线内侧桥柱原则上不进行绿化。硬地桥柱绿化要求桥柱有一定的可实施绿化空间，且不影响车行视线与行人安全通行，如图 3-67 和图 3-68 所示。

B. 绿化实施高度

桥柱绿化可实施高度视桥柱总高度有所不同，桥柱绿化高度与桥柱顶部至少预留出 2m 的空白空间，方便桥柱进行功能检测，同时考虑到过高不利于修剪等后期养护要求，给养护作业带来一定的难度。因此，一般情况下，高度小于 6m 的桥柱，应在除去预留 2m 外全桥柱进行绿化，桥柱高度为 6~10m 时，一般绿化设计高度为桥柱总高度的 2/3，高度大于 10m 的桥柱一般绿化设计高度为桥柱总高度的 3/4，且相邻桥柱绿化高度应保持协调。其中轨道交通桥柱绿化涉及轨道交通运行安全，应严格控制实施绿化高度。

图 3-67　绿地内高架桥柱

图 3-68　硬地内高架桥柱

C. 设施避让

高架桥柱一般有桩号标牌、沉降观测点、雨水管、检修口、窨井、交通标志等设施，从设计源头上就应该进行有效避让。当桥柱绿化覆盖这些设施后，应通过修剪或牵引植物，以避让这些设施。

②植物要求

植物是高架桥柱绿化建设的核心和灵魂。最初的高架桥柱绿化中植物基本上选择依附类攀爬植物，即藤本植物借助网片攀爬的方式。随着对高架桥柱绿化观念的转变及高架桥柱表面持续维护的要求，植物应用类型呈现了多样化，包括依附攀爬类植物，同时吸附攀爬类植物应用也日益广泛，突破了高架桥柱绿化中植物应用的限制。

植物种类选择应遵循"个性化、统一性和多样性"原则，因地制宜地选择适宜种类。优先选用生长迅速、喜光、耐半荫等 2 年生及以上（40~60cm）3 分枝以上优质容器苗，宜以具有气生根或吸盘类藤本植物为主。根据桥柱所处立地条件不同，选择速生与慢生、常绿与落叶、观叶与观花、阴性与阳性等植物组合，还可选择吸盘类植物与其他常绿或开花植物搭配，借助吸盘类植物攀爬在高架桥柱表面。植物组合一般包括爬山虎＋常春藤、常春藤＋五叶地锦，其中光照好或立交桥柱可选择搭配开花植物，如白花络石＋五叶地锦、中华常春藤＋京红久忍冬、西番莲＋中华常春藤等。

硬地桥柱绿化的种植槽除种植藤本植物外，为避免种植槽土壤裸露，还可种植兰花三七、大吴风草或其他常绿耐荫植物，种植槽体外侧下垂植物宜选花叶蔓长春、花叶络石或小叶常春藤等，下垂枝条长度 30cm 左右，并覆盖种植槽立面 1/2~2/3 左右，以达到种植槽三维绿化的景观效果。

栽植密度可根据植株规格和植物种类习性有所变化，一般为 3~5 株 /m，常绿和落叶植物间隔种植。常绿与落叶植物配比一般为 1：1~2：1。

③种植设计

根据高架桥柱的立地条件差异和植物生长习性的不同，选取不同的植物种植方式，一般包括直接种植和预植绿屏种植。直接种植为选择合适的植物组合直接种植在高架桥柱并通过网片辅助攀爬的种植方式，因高架桥柱所处位置或绿地，或硬地种植有所不同，硬地桥柱可砌筑种植槽，经土壤改良后再进行种植；预植绿屏种植是指将设计好的植物组合预先种植，待达到一定覆盖率和景观效果后再整体移植到高架桥柱的种植方式，使用该种植方式，植物能快速恢复，缩短成型时间，可在种植后很快形成较高的覆盖率。通过采取预植绿屏的种植方式改变了只能对绿地桥柱进行绿化的限制。

A. 直接种植

根据高架桥柱可实施立面，确定种植区域，自高架桥柱基部土壤或种植槽高度向上延伸 20cm 后，铺设一定高度的网片，将高架桥柱可实施立面进行包裹，网片顶部和底部用抱箍固定。吸盘类植物网片高度一般为 1.5m，依附攀爬类植物网片高度按可实施绿化高度来确定，选取适宜的植物组合，种入改良后种植穴或种植槽。

B. 预植绿屏种植

绿地内桥柱绿化。采用绿屏种植与网片攀爬相结合的方式进行设计。网片包裹高架桥柱，网片每隔 1.5~2m 左右的高度用抱箍绑定在桥柱上，并用卡扣封边。网片顶部与喇叭口浸塑钢丝重合。绿屏与网片接头处，网片下延 20cm。

根据高架桥柱可实施柱面个性化定制预植绿屏。移除植物，靠近高架桥柱挖种植穴，并进行土壤改良。将绿屏贴近桥柱种植，绑扎固定。绿屏底部应注意避让桥柱底部的检查孔、下水井，沉降观测点周围一定范围内绿屏不能覆盖，并将桥柱标牌也放置在此区域内，以免绿化覆盖造成观察、维护不便。

硬地内桥柱绿化。在绿地内桥柱绿化整体设计方案的基础上，兼顾硬地的特殊性，硬地桥柱绿化在绿屏外侧主要采用砖砌体种植槽形式，其他种植槽形式为补充。其他设计要求同绿地桥柱绿化。

根据方形和圆形两种不同的桥柱形状，分别制定桥柱绿化设计方案，见图 3-69 和图 3-70。

图 3-69　绿地方形高架桥柱实景图　图 3-70　绿地方形高架桥柱实景图

④土壤改良

因桥柱下立地环境较差，且尾气等污染比较严重，因此，桥柱绿化必须进行土壤改良。预植的绿屏除靠近桥柱不需要土壤改良外，其余面包括底部 20cm 范围内的土壤均需改良或更换，可采用 50% 园土 +35% 草炭 +10% 珍珠岩 +5% 腐熟有机肥的配比组合介质。

⑤植物限高设计

以爬山虎等为代表的吸盘类攀爬植物在桥柱绿化中应用越来越广泛，然而实际建设中，轨道交通桥柱等桥柱绿化中因不能影响交通安全和桥柱日常维修保养，故在桥柱绿化中设计了喇叭口，以控制或改变植物任意生长状态。喇叭口位于桥柱实际绿化高度的顶端，采用 3mm 钢丝浸塑网片，栅格大小 5cm×5cm，向外翻出 30°，长度 30cm，下沿与尼龙网重叠至少 20cm，采用 2 道抱箍绑扎于尼龙网顶端，并使用塑料搭扣连接。

⑥附属材料设计

A. 网片：可选取钢丝网片或尼龙网片等。一般选尼龙网，规格为草绿尼龙，线粗 2mm，网眼 20mm×25mm 的尼龙网，颜色与高架桥柱颜色相近。

B. 抱箍：抱箍使用宽 2cm、厚 1mm 的镀锌铁片。抱箍间隔可根据现场实际进行调整，应为 1~1.5m。抱箍颜色应与尼龙网基本一致。

C. 种植槽：硬地高架桥柱以砖砌体挡土墙结构为主，也可采用其他形式的种植箱；同一区段应统一采用一种形式的种植槽。种植槽外观颜色应与原高架桥柱颜色相近。砖砌种植箱应设排水孔，总高度宜为 50cm，长度视现场条件而定，有效种植宽度至少 30cm。

2）高架桥柱绿化施工

①直接种植

A. 高架桥柱绿化现场踏勘，选择合适的绿地桥柱，并确定可实施绿化桥柱立面等。

B. 根据高架桥柱可实施绿化立面宽度及设计要求裁剪网片。网片采用镀锌铁片条抱箍加固，网片顶部和底部抱箍要穿过网片，将网片固定在高架桥柱上。

C. 按设计要求选择植物种类和种植密度，并进行土壤改良，植物应贴近桥柱，距离桥柱应小于 20cm。牵引植物至尼龙网，做到松紧适度。

D. 做好围堰，浇透水。

②预植绿屏种植

A. 预植绿屏：预先对待实施高架桥柱现场进行踏勘，确定可实施的高架桥柱立面、宽度等实际情况，并注意避让桩号牌和沉降点，做到个性化定制。绿屏规格参照设计。出圃时植物应覆盖 80% 以上立面网片面积，出圃前应至少保证有一周的基地预植培养时间。

B. 搭建脚手架：确定好实施的桥柱后，将离桥柱 50~70cm 处植物挖除并移至临时种植处，注意不要伤根并持续养护，待后期移回植物恢复原貌。

脚手架放置在桥柱旁，应与桥柱固定，并保持平衡，见图 3-71。

图 3-71 搭建脚手架

C. 网片安装：根据高架桥柱绿化高度，量取实际尺寸，做好标记。根据高架桥柱尺寸和绿化高度裁剪网片，对桥柱全范围包裹，网片通过自上而下的钢丝收于雨水管旁。

网片采用镀锌铁片条抱箍加固，网顶部和底部抱箍要穿过网片，将网片固定在桥柱上，网片一般间隔 1.5~2m 进行绑扎。见图 3-72。

网片顶端安装喇叭口，喇叭口采用 3mm 浸塑钢丝，栅格大小 5cm ×

图 3-72 网片包裹高架桥柱

5cm，下沿与尼龙网重叠至少 20cm，采用 2 道抱箍绑扎于尼龙网顶端，并使用塑料搭扣连接。

③绿屏种植

A. 绿地桥柱：预先将宽 20cm 深 30cm 种植槽挖好，分别向下和向外侧延伸挖 20cm，底部撒施 20cm 营养土。绿屏按桥柱配送到现场，两端平齐贴紧桥柱放入种植槽内，外侧撒施 20cm 营养土，覆盖原土。绿屏与网片重合 20cm，梳理并把植物固定网片上，用钢丝绳把绿屏与网片绑扎在一起，避免伤到植物生长点和枝叶。恢复原移除的植物。

B. 硬地桥柱：绿屏已种植在预先定制的种植箱内，种植箱为钢条箱体框架，高度 50cm，宽度 50cm，长度、形状根据落水管、窨井等市政设施个性化定制，种植箱内衬硬质防水尼龙布 + 椰丝毯，下设排水板。

种植槽前沿和外侧按设计要求进行三维立体绿化。

④高架桥柱绿化养护

A. 灌溉

a. 科学灌溉。大多数高架桥柱因位于桥下，常年不能雨水自然灌溉，因此，对于高架桥柱绿化灌溉视不同植物种类，不同季节，不同桥柱位置，其植物的浇水量及浇水频次都应有所区别对待。尤其是处于内侧的桥柱，浇水更应仔细，不遗漏。另外，气温低于 3℃，而高架桥下则可能低于 0℃，此时灌溉溢流的水至地面，则结冰会影响地面交通安全，故应停止灌溉。

b. 冲洗叶面。因高架桥柱承载城市交通功能，大量车行量必然带来大量灰尘，灌溉还应尽量低压冲洗植物叶面，促进植物光合作用和健康生长。

c. 水质要求。高架桥柱绿化灌溉水质一般以自来水为主。因中水水质有不确定因素，难以确保桥柱绿化植物的健康生长，故不推荐使用中水灌溉。

B. 修剪牵引

高架桥柱绿化种植初期应注意牵引，生长中应及时进行松绑，同时还应根据桥柱覆盖情况，寄引植物生长方向，使桥柱绿化达到相对均匀覆盖。待桥柱绿化达到一定覆盖率后，应注意控高修剪，剪除超过一定高度的植物，并剪除遮挡桩号牌、沉降观测点等设施的植物，保证桥柱原功能的安全性。同时及时修除枯花残叶，保持景观效果。

若需拆除桥柱绿化时，不应强拉植物，而应剪断根部，待植物萎蔫死亡后再慢慢拉除植物，以保护建（构）筑物表面。

C. 土肥管理

应注意观察高架桥柱绿化种植槽土壤高度，及时补充填加肥沃的介质土，确保植物根系不裸露，保证植物有充足的生长后劲。硬地桥柱种植槽土壤高度应略低于种植槽，避免浇水时土壤冲出种植槽。不同植物能做到针对性的施肥，尤其是开花后的植物增施肥料。冬季以磷钾肥为主，防止冻害。

D. 附属材料维护

对高架桥柱的网片、抱箍等设施定期检查，发现有松动、脱落、破损，第一时间处理解决问题点。

（3）高架沿口绿化建设

1）高架沿口绿化设计

①沿口绿化形式

上海沿口绿化形式主要有三种，分别为顶置式、外挂式、种植槽式，如图 3-73~ 图 3-75 所示。本次实施的范围，顶置式主要位于延安高架，种植槽式主要位于虹桥枢纽区域，其余以外挂式为主。其中，种植槽式需要在高架建设初期进行设计，后期绿化种植相对简单，安全系数高；顶置式为种植箱固定于高架沿口上面，养护相对方便，观赏效果比较好；外挂式是将种植花箱挂于高架沿口外侧，这种模式对安全设计要求较高，养护相对不方便。

图 3-73　外挂式

图 3-74　顶置式

图 3-75　内置式

②花箱设计

工程采用的外挂式花箱为抗紫外线 PVC 材质，花箱外径 80cm，高 33.5cm，宽外径 38cm，边宽 3.2cm，蓄水层 5cm 左右，下铺 20mm 厚椰丝毯和土工布，并设置吸水棉，以利于下部的水输送至上部的土壤，有效土层不低于 20cm。花箱 + 土壤 + 植物重量约为 150kg。

③花箱悬挂方式及安全评估

A. 悬挂方式

护栏立干处增加横管悬挂花箱，花箱檐口高度与防撞墙顶部持平。花箱固定在护栏底部横管上，同时方便将来铺设滴灌系统时水管固定在横管上。此种悬挂方式锚固结构更合理，花箱无受风面积，安全性更高；行车视线看不到花盆，护栏顶部整洁。

B. 安全评估

每节段栏杆立柱钢板为 6mm 厚 Q235 钢板，钢板下预埋连接筋。外挂花箱单个为 150kg，每节段外挂 2 个，共 300kg，根据抗倾覆验算，防撞栏杆完全能够满足本设计外挂花箱承载力。

C. 植物设计

植物选择上主要配置月季'杏花村'、月季'仙境'、月季'红从容'、月季'黄从容'、月季'红帽子'以满足不同季节花期需要及景观效果。

D. 种植方式

选用两年生以上容器苗，提前在花箱里种植，每个花箱品字形种植 4 株月季。土壤配比要求：园土 50%、有机肥 10%、醋渣 20%、草炭 10%、枯枝粉碎物 10%。

2）高架沿口绿化施工

①施工前准备

A. 苗木准备

按照设计要求，在上海及周边规模比较大、比较正规的苗场进行选苗。月季选择高度 40cm、5 分枝以上植株，植株株型均匀，枝叶完整无折断枝、健康无病虫害。

B. 花箱准备

采用专业生产厂家定制，花箱内径长度 74cm，宽度 32cm，高度 33.5cm，花箱的承载能力需达 150kg。按照设计要求对花箱设置蓄水层、溢水孔，设置吸水棉线，使蓄水层水分能够渗入上层的土壤，保证上层土壤水分充足。

C. 花架准备

根据设计图纸，委托专业五金加工厂经过开模、折弯、冲孔、酸洗、热镀锌等制作工艺，生产了 3 类不同造型钩子的花架。

D. 土壤准备

根据设计要求，按照菜园土 50%、有机肥 10%、醋渣 20%、草炭 10%、枯枝粉碎物 10% 混合成适宜月季生长的种植土。

②苗圃内月季上盆

月季上盆前，首先去除弱苗，剪除伤残枝、细枝、枯枝及病枝。花箱内铺设土工布及椰丝毯；花箱内填入种植土，事先在花箱外标注种植的月季品种，再进行栽植，确保月季品种不发生混乱。

③苗木预验收及试挂

花箱上高架前，请相关专家对花箱内苗木进行预验收，要求每箱内植物数量、规格符合要求，植株长势健壮，无明显病虫害，无杂草。验收合格的苗木方可上高架，不合格的继续在苗圃内培养，作为后续更换备选。上高架前，选择高架沿口进行试挂，针对试挂中的问题，进行改进，保证正式施工时高效、高质完成。

④花箱安装

A. 安装前安全教育

施工前，对员工开展三级安全教育，相关安全设施布置到位，做好安全交底。

B. 施工作业

按照设计要求，先放置并固定花架，再放置花箱。

3）高架沿口绿化养护

因为高架上特殊的气候环境，月季上高架后养护尤其重要，需要严格按照技术要求进行养护。

①灌溉

应根据气候、环境及植物生长状况合理安排浇水；浇水应不影响行车和行人；浇水水质应符合要求；浇水应浇透，浇水工具应出水均匀、缓慢，每个花箱每次有效浇水量应在 2L 以上；3℃以下不宜浇水，35℃以上高温宜在早晚浇水。

②除草

杂草应除早、除净，5~9 月应保证 15 天除草一次；除草需连根铲除，并注意减少杂草根部带土，减少盆内土壤流失；应采用人工除草，不应采用化学药剂除草。

③修剪

应避免对高架下行人、车辆的影响；修剪要及时，修剪后整体高度保持基本一致；五一花后修剪、冬季修剪及 8~9 月控花修剪应各一次，具体修剪时间应视天气及植物长势情况定；修剪应修除残花、果实、枯枝、病虫枝、横生枝等；除统一修剪三次外，其他时间视个别植株生长情况进行适时修剪。

④施肥

开花前及修剪后应施肥，开花前以液态磷钾肥为主，修剪后以缓释肥为主；液态肥要严格按照使用说明控制浓度；35℃以上高温不宜施肥。

⑤病虫害防治

应视病虫害发生情况及早进行防治；应使用无公害药剂和高效低毒药剂，禁止使用国家及上海市已禁用的药剂；应严格遵循药剂使用说明。

⑥土壤管理

松土不宜过深，不能伤根；加土宜在冬季修剪后进行；土壤类型应与原有土壤基本一致；加土不宜过多，应保证加土后种植土高度距离花箱沿口至少 3cm。

（4）总结与讨论

上海市高架桥体绿化历时多年，不仅积累了立体绿化建设实践经验，同时丰富和拓展了本市立体绿化建设形式，有效地推进了本市立体绿化的发展步伐，大大提升了本市绿化整体景观效果，为本市生态文明做出了较大贡献。然而，在高架桥体绿化实践中仍有不足和遗憾之处。

一是未同步建设滴灌系统。高架桥体绿化养护工作量最大的是浇水，高架桥柱绿化常年不能自然雨水灌溉，而高架沿口绿化正常情况下至少三天浇一次水，高架沿口特殊的位置，导致浇水不会像地面那么方便，一般都要凌晨 12 点至 4 点作业。目前一般使用浇水车，一是浇水量不好控制，另外也影响高架下车辆通行。滴灌可以定时定量且不影响通行，因此希望今后能逐步将滴灌设施布设到高架桥体绿化建设，解决高架绿化养护最大的难题。

二是植物种类选择尚且单一。高架桥柱绿化中目前常用的还是一些经典常用植物种类，以常绿为主，植物种类应用虽有所增加，但还远远不够。高架沿口绿化景观提升主要采用的是丰花类月季品种，景观达到了预期效果。但是景观变化丰富度不够，植物多样性还需提升。因此，希望今后能够筛选更多的抗性强景观效果好的植物品种在高架桥体上应用，使上海高架桥体绿化景观更富有变化，更丰富多彩。

### 3.2.3.2　东濠涌高架桥绿化

#### （1）项目概况

广州是中国南大门，粤港澳大湾区、泛珠江三角洲经济区中心城市以及"一带一路"枢纽城市。建成区面积上千平方公里，城区路网密布，座座人行天桥、立交桥飞架道路东西南北，立体交通繁忙而有序。2003 年起，广州着力打造人行天桥立交桥立体绿化空间，坚持"技术先行、安全第一、先易后难、逐步推进、分批绿化"原则，迄今已完成 420 多座 350 多公里长的桥梁绿化，形成极具特色的城市空中绿廊、花廊，"紫红花道""空中彩带""空中花廊"美名远播。桥梁绿化已成为广州重要的城市名片，为提升城市品质，打造国际化绿色生态城市增姿添彩。

东濠涌立交桥位于广东省广州市越秀区，是一条贯通南往北的高架桥，从麓湖路向南沿途有出口往环市东路，越秀路，东风中路，中山三路和八旗二马路到南终点江湾大桥，是广州市中心最重要的立交桥之一。该桥梁也是广州市最早建设桥梁绿化的立交桥之一，2005 年至 2010 年 8 月，陆续建成累计超过 2000m 的桥梁绿化长度；该桥梁绿化于 2020 年重新维修改造，拆除原有绿化并重新建设，该项目开工于 2020 年 5 月，完工于 2020 年 8 月。

（2）项目设计

1）设计要求

①支架结构设计

支架结构刚度应满足种植槽的最大种植荷载要求，材料要求持久耐用，抗腐蚀。一般选用经热镀处理的钢材。

②装饰板设计

装饰板的色彩选择应与桥梁色彩接近，相同最佳。要先考虑环保材料面板，减少损耗。要求板材具有耐候性、耐腐蚀、耐撞击、质轻、易加工成型、易搬运、可快速施工的性能。可采用铝塑复合板进行装饰。

③栽植容器设计

要求使用寿命不小于 10 年，尺寸应满足植物根系生长所需的深度和宽度，花箱之间间距不小于 20cm。材料要求耐热抗腐、受力性能强、抗紫外线、抗老化、抗弯曲、环保。

④基质设计

要求选择天桥绿化专用营养基质，轻质、含有丰富的养分，又具有一定保水保肥、通气透水能力。

⑤植物设计

应选择滞尘、抗污染、耐高温、耐寒、耐贫瘠，花色鲜艳、花期长，且枝条下垂，适应种植场所环境条件的植物种类。

⑥给排水设计

给水设计：绿化种植空间内应同步配套相应的自动灌溉系统，灌溉系统应结合桥梁长度和水压大小设定独立灌溉区，并根据花盆尺寸设置合理滴箭套数。

排水设计：设计有组织的分区排水，排水口应连接到市政排水系统。

2）设计原则

①安全性原则：满足荷载要求，且不得影响行车安全。

②景观性原则：注重景观效果设计，美化行车视角观感，为城市上空挂绿。

③协调性原则：绿化景观相对协调统一，应做到统一规划、统一施工，达到整体的协调与美观，植物色调不宜过于杂乱。

④可持续性原则：合理搭配植物，兼顾生态美观、长效低维护性的统一。

3）设计方案

①建设范围

本次建设范围为东濠涌高架桥部分匝道和直线段，主要可分为东濠涌高架下东风西路匝道、东濠涌高架下东风路东行匝道、东濠涌高架南往北匝道和东濠涌高架北往南匝道四部分，总建设长度 2214m。

②绿化结构与种植槽设计

立交桥绿化结构分为三类：原桥体混凝土花槽结构、外挂式固定结构以及马鞍式固定结构，见图 3-76~ 图 3-78。

东濠涌立交桥是混凝土结构的立交桥，防撞墙厚度约 155mm，整体规整，桥体无混凝土花槽结构，无护栏等装饰，此类桥体结构宜采用马鞍式钢支架结构。绿化钢支架采用热镀锌角钢、扁钢制成，通过 304 不锈钢化学螺栓固定在防撞墙上，防撞墙内侧和顶部分别固定一个点。马鞍式绿化结构采用花盆作为种植槽，花盆要求由环保、轻质、抗燃、抗老化、抗腐蚀、高强度的玻璃钢材料制成，所以采用了环保玻璃钢阻根花盆。马鞍式绿化结构中，花盆骑跨在防撞墙上，然后，每个花盆用 2 套 M14×300 304 不锈钢螺栓固定，两端应添加塑胶垫片用于紧固花盆。花盆每 1.175m 设置一个，钢支架两侧用铝塑板装饰。见图 3-79 和图 3-80。

③给排水系统设计

给水设计：桥梁绿化采用自动灌溉系统。灌溉用水从地面接驳市政自来水管网，通过管道引上桥梁浇灌。根据水压和人行天桥、立交桥绿化长度分段灌溉，100~300m 设一分灌区。采用质轻、耐腐的 PVC 管用于铺设给水管道。灌水器使用四爪滴箭，每个种植槽安装 2 组四爪滴箭。

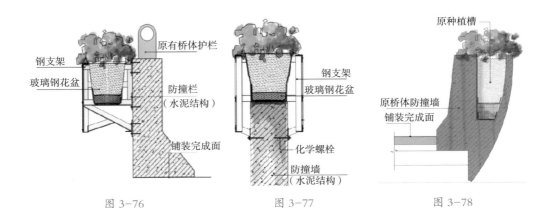

图 3-76　　　　　　　图 3-77　　　　　　　图 3-78

图 3-79　环保阻根花盆示意一

图 3-80　环保阻根花盆示意二

排水设计：桥梁绿化排水设置主排水管和种植槽排水管，种植槽排水汇入主排水管，主排水管收集后在桥面市政雨水口处设置一个排水口，使排水统一汇入市政排水系统。

④植物选择与种植设计

根据广州市桥梁绿化的特点，从植物生长特性、观赏特性、抗逆性以及对广州气候环境的适应性等方面进行综合分析，应选择滞尘、抗污染、耐高温、耐寒、耐贫瘠，花色鲜艳、花期长，且枝条下垂，适应种植场所环境条件的植物种类。而簕杜鹃抗逆性强，耐修剪，枝叶繁茂，花期长，花量多，绿叶观赏效果及开花观赏效果都很优秀，簕杜鹃也在广州市桥梁绿化中得到广泛的应用，而小叶紫花簕杜鹃则是簕杜鹃中表现较优的，因此东濠涌高架的植物选择采用小叶紫花簕杜鹃。基质选择天桥绿化专用高效营养基质，既含有丰富的养分，又具有一定保水保肥、通气透水能力。

苗木种植时需要先铺垫黑网或者土工布、然后添加陶粒、基质等，再种植苗木，最后再添加苗木。

（3）桥梁绿化施工

1）整体施工流程

本次桥梁绿化的建设施工可分为六个程序：钢支架安装、花盆安装、排水安装、铝塑板安装、苗木种植和给水安装，施工流程见图 3-81。

①钢支架安装注意事项

钢支架是使用 M12×120 化学螺栓锚栓固定于防撞墙上的，化学螺栓施工工艺流程为：钻孔—清孔—置入药剂管—钻入螺栓（螺杆必须用电锤钻

| 名称 | 示意图 | 名称 | 示意图 |
|---|---|---|---|
| 1 钢支架安装 | | 2 花盆安装 | |
| 3 排水安装 | | 4 铝塑板安装 | |
| 5 苗木种植 | | 6 给水安装 | |

图 3-81　施工流程实景图

旋入，不许直接敲入）—凝胶过程—硬化过程—固定物体。

现场钢支架主要处于潮湿环境（相对湿度 ≥ 75%），空气介质主要为汽车尾气（氮氧化合物腐蚀等级为强腐蚀），待安装完毕后对未刷底漆和损伤的部位均应补漆至两底两面。涂层干漆膜总厚度室外不小于 150μm（从底到面 60+75），本工程所有新建的钢构件均作需防锈、防腐处理，应先作热镀锌处理，钢构件热镀锌厚度采用 70μm，再上两道氟碳漆面漆，漆面厚度不少于 75μm。钢构件焊口应采用满焊、焊口需要作防锈、防腐处理。焊缝质量等级不低于二级且均应符合《钢结构焊接规范》GB 50661—2011 相关要求。

②花盆安装注意事项

马鞍式绿化结构中的花盆是通过 M14×300 不锈钢螺栓固定于防撞墙上的。花盆安装时应注意，收紧 M14×300 不锈钢螺栓时，应该在花盆与防撞墙之间加入胶圈，防止花盆底部因为受力而破裂。

③排水安装注意事项

主排水管采用 PVC DN75 给水管连接，花盆与主排水管通过 PVC DN32 排水管连接。根据现场条件，每个花盆设置一竖向 PVC DN32 排水管，通过 PVC DN32 弯头与 PVC DN75 给水管连接，并接驳市政排水系统，将水排入桥面的市政水井。

④绿化种植注意事项

绿化种植是桥梁绿化中的关键流程，基本流程为：铺垫陶粒（约 5cm），铺垫土工布或黑网，铺垫一层 5cm 种植土，放入植株，添加基质土，为防止淋定根水时基质外流，基质土高度宜低于盆边缘约 2cm，最后必须淋定根水，流程详见图 3-82。

⑤给水安装注意事项

给水管采用 PVC DN32、PVC DN50；PVC DN50 作为主给水管，与 PVC DN32 管连接，PVC DN32 管连接四爪滴箭，每个花盆安装 2 组滴箭。

2）桥梁绿化施工注意事项

桥梁绿化施工存在特殊性，施工现场在高架桥车行道上，考虑到不影响交通，需要夜间作业，并且涉及高空作业，所以需要特别重视交通安全问题，并向相关交警部门做好报备。

图 3-82　绿化种植流程图

图 3-83　项目完工后实景图片一

图 3-84　项目完工后实景图片二

图 3-85　项目完工后实景图片三

①施工人员上岗必须穿戴反光衣及防护用品，在桥梁防撞墙临边作业时必须佩戴安全带、安全帽等。

②高架桥绿化施工工作时应按规定放置交通指示牌、雪糕筒等；做好交通围蔽。

③施工人员必须严格遵守交通规则，禁止穿拖鞋工作；作业过程严禁随意穿越马路。

（4）施工后实景（图3-83~图3-85）

（5）讨论与总结

桥梁绿化不占用平地面积，可美化生活空间、增加城市特色，还可固碳释氧，减轻空气污染，增加城市绿量，降低热岛效应，促进城市生态平衡，有效改善城市生态宜居环境，可为城市建设增姿添彩。

目前，广州市已完成420座桥梁绿化建设，总绿化长度达350千米，是全国桥梁绿化最多，桥梁绿化效果最好的城市。而东濠涌高架桥位于广州市中心，横跨东风路，是广州市桥梁绿化的重要示范点。

高架桥存在汽车尾气严重、粉尘多，夏季高温、冬季寒冷，绿化空间受限，车流大、作业难等绿化建设和养护困难。所以对植物有较高的要求，广州桥梁绿化植物主要为簕杜鹃，该植物枝繁叶茂，花色鲜艳，花期长，耐修剪、抗性强，一次性种植，多年无需更换，与桥梁绿化的要求非常契合。植物上桥种植后，经精心修剪抽生茂密、悬垂的枝条，整齐、连绵覆盖垂吊在桥体两侧，可形成 1~1.5m 高的"绿瀑""花瀑"，枝叶婆娑，格外夺目，景观效果可以达到四季常绿，多季有花，令来来往往穿梭其中的路人赏心悦目。广州桥梁绿化簕杜鹃品种日益丰富，已有 13 个品种成功应用到桥梁上，每当花开时节，桥梁上各色簕杜鹃争奇斗艳，营造了美丽的空中花廊、绿廊，装点了城市空间，优化了生态、人文环境，提升了城市品质。

### 3.2.3.3  嘉华大桥垂直绿化

（1）项目概况

嘉华大桥隧洞堡坎是在修建嘉华大桥时形成的，在建设时其配套绿化没有同步进行设计和施工，使大面积原混凝土边坡裸露，与城市景观极不协调。为尽快改善嘉华大桥隧洞堡坎生硬、单一的坡体现状，2007 年，市、区两级园林部门决定在边坡上实施立体绿化。

嘉华大桥隧洞堡坎横向长 364m，纵向高 38.7m，立面坡度大约 80°，立面面积 6348m²，平面 3919m²。堡坎下部为光秃秃的原混凝土边坡，上部有四级绿化台地，基质为紫色壤土，侧面有自然边坡，杂草丛生。

（2）项目设计

嘉华大桥隧洞边坡涉及隧洞挡墙原混凝土边坡、四级绿化台地以及侧面边坡等三种立地条件，具有地形复杂、施工难度大等特点。本项目采用立体绿化技术分三个层次实施。

第一个层次是在嘉华大桥隧洞堡坎原混凝土挡墙上挂钢筋网进行立体绿化。钢筋网规格为 300mm×300mm，钢筋采用 1 级钢，直径 12mm，钢筋网与挡墙的距离为 100mm，钢筋网与挡墙固定采用 1.2m×1.2m 方格网式，通过 M12 的钢制膨胀螺栓来实施。所有铁件均采用 E43 型焊条焊接，焊缝高 5mm，满焊；金属构件经过除锈处理，外露部分刷红丹防锈漆两遍，绿色面漆。在挡墙顶部增加花池，高度 550cm，宽度视现场情况而定，总长度 30m；采用 M5 水泥砂浆 MU10 页岩砖砌筑，1：3 水泥砂浆抹面。为保障结构安全，花池砌筑时退后墙顶部边线 200cm。

第二个层次是四级台地绿化。在台地内侧栽植常绿油麻藤、鸡血藤等攀缘植物，在外侧栽植云南黄素馨、藤本月季等垂吊植物，在中部栽植小乔木或花灌木，如杜鹃、黄花槐、木芙蓉等，并配置地被麦冬。在三、四级绿化平台横向、竖向设置三根水管，管长 200m，并在绿化平台安装喷淋设施。

第三个层次是侧面边坡绿化。以重庆市乡土植物为主，根据园林景观要求，进行植物群落配置。

本项目通过在种植槽中填充轻质土和长效肥改良土壤，并选用抗逆性强、耐粗放管理的乡土植物提高存活率。植物配置采用"乔 + 灌 + 藤 + 草"相结合，且在植物搭配中考虑四季交替开花的植物，构建景观丰富的复合生态景观。项目植物应用情况，乔木：羊蹄甲、重阳木、红叶李等 13 种，灌木：紫薇、红继木、黄花槐等 7 种，藤本：油麻藤、爬山虎、云南黄素馨等 5 种，草本植物有结缕草、麦冬 2 种。

（3）结论与讨论

嘉华大桥隧洞堡坎绿化遵循生态修复理念，依靠生态系统的自我调节能力与自组织能力，辅以人工措施，使遭到破坏的山体生态系统逐步恢复。项目结合场地立地条件，因地制宜地选用台地式和挂网式立体绿化技术，选用藤本植物构建上爬、下垂的景观，有效缩短坡面生态修复时间。经过 2 年生长恢复，实现了全坡覆绿。

本项目通过因地制宜地选择适宜的绿化技术，土壤改良，科学配置植物群落，并配备滴灌系统等一系列措施，克服了该区域土少、干旱、肥力瘠薄等立地条件，有效提高植物存活率，降低后期养护成本。

嘉华大桥隧洞边坡建设和养护成本低，景观效果好，是独具特色的山城立体复合生态景观（图 3-86）。

图 3-86　嘉华大桥隧洞边坡立体绿化效果

# 3.3 边坡绿化案例

## 3.3.1 浙江嵊州大道高速口边坡绿化

### 3.3.1.1 项目概况

嵊州大道高速出口边坡绿化景观工程项目，位于 G15W（常台）高速嵊州互通的高速出入口，是嵊州市的北大门，也是老城环境整治改造的主要节点之一，属于既有边坡的环境改造类项目，项目实施面积约 7200m²，边坡总高度约 32m，分为四层台坡，坡度在 50°~80° 不等。这段边坡位于高速匝道边，在重力、风力及雨水冲刷作用下，泥土渐渐流失，植物成活率大大下降甚至不再生长，不仅影响了护坡的美观，生态功能也大打折扣。

在项目实施中，我们采用了为项目定制的框格生态种植袋和技术较为成熟的 VPM 种植框，对既有护坡进行了绿化改造，保证植物自由生长，具有较好的水土保持、改善环境和提升景观等功能。见图 3-87。

### 3.3.1.2 项目设计

（1）设计要求

选择采用立体绿化技术对边坡实现生态修复和绿化景观改造是经过多轮方案比较而最后确定的实现形式，期望目标是：既要短期成型，也要效果持久；既要因地制宜，也要经济适用；既要生态修复，也要城市景观。

图 3-87 建成后实景

（2）设计原则

在对现场考察以后，我们提出了四个基本原则：

1）安全性原则

在建设方无法拿出当时边坡建设时的设计图纸和施工资料，无法得知边坡的内部的内部构造和设计参数的情况下，采用相对保守的手法设计，不能增加边坡的负荷，以确保边坡安全。同时要考虑到施工期间和建成后的后续维护安全措施的落实。

2）持久性原则

在建成后，希望能达到长期的植物成活的效果，需要充分利用边坡现有的种植土壤和山体内部的水分养分，选择适宜的本土植物，形成自然的植物群落。

3）景观型原则

项目位于城市的出入口，业主要求不能是简单的覆绿，要给人们展示城市的第一印象，既有体现绿色生态，也要体现人文景观。

4）经济性原则

主要体现在采用合适的适用技术降低建造成本和建成后的低维护成本两方面。

## 3.3.1.3　设计方案

（1）现状分析

边坡上半部分为六角形混凝土预制块垒砌的蜂窝状边坡，框格内土壤流失严重，框内基本只有三分之一的土壤，土层平台上也是堆满了流失下来的土壤。上部基本为六角形砌块，边长 21cm，高度 15cm，通过部分垂直于山体的锚杆点与六角形砌块连接固定。部分框格底部是大块石，缝隙内没有土壤，植物根系无法生长；部分框格内长有非常粗大的杂木树干，根干甚至破坏了格构；部分是格构内部土壤下塌偏少，这些都是后期需要认真处理的节点。见图 3-88 和图 3-89。

边坡下半部分为石质砌块边坡，原状是一幅表现嵊州人文的大型版画，其中的部分元素也为我们后期方案提供了借鉴。我们重点对基础承重的做法和与上部圈梁如何形成一个整体进行了原有结构的考察和论证。见图 3-90。

图 3-88　边坡存在土壤流失严重的问题

图 3-89　上部六角形砌块现状

图 3-90　下半部分是一幅表现嵊州人文的大型版画

（2）详细设计

1）景观设计方案

前期在和业主的交流中领会业主的需求，结合部分征集方案和地方文化的研究，经过提炼我们给出了设计主题：山水家园。期望在方案中能充分体现了嵊州的人文风情和文化内涵，将嵊州山水诗画元素融入植物造型与亮化设计之中，体现"东南山水越为最，越地风光剡领先""湖月照我影，送我至剡溪"的意境，激发人们对自然的热爱，对生活的热爱。

景观方案分为上中下三部分，既可相对独立，也可密切联系。下部采用蜿蜒飘逸的线条表现剡溪和水袖：以不同色彩植物勾勒出植物板块的线条轮廓，宛若穿城而过的剡溪横贯南北，越剧中飘逸的水袖缠绕期间。中部表现绿水青山人家，植物和灯带刻画出古镇风貌：建筑、小桥、绿水环绕、青山连绵。上部通过姿态轻盈的植物板块表现白云，在绿树蓝天的陪衬下"中国·嵊州"四个朱红大字气势磅礴。上中下形成一幅简约大气的山水画。见图3-91和图3-92。

2）技术设计方案

根据上下两部分不同的基底，针对性提出了两项核心技术：

①网格护坡生态袋绿化技术

在重力、风力及雨水冲刷作用下，上部蜂窝状的水泥框格内种植土壤，出现流失，影响了栽植在护坡上的植物生存。我们专门设计和提出了一种用于网格生态护坡的种植袋及框格边坡生态袋绿化系统，专门解决该网格生态护坡绿化，既能起到护坡作用，同时能恢复生态，保护环境。见图3-93。

图3-91　效果图　　　　　　　　　　图3-92　建成后实景图

图 3-93　一种用于网格生态护坡的种植袋及框格边坡生态袋绿化系统

② VPM 种植框绿化技术

下部硬质坡体设计采用了 VPM 种植框体技术，分为基础钢构系统、种植基础系统、浇灌控制系统和植物四大部分。

该技术体系采用进口框体、结构材料、耐分解专用基质、适用植物等材料，同时配备精准水肥一体的滴灌系统和智能远程控制监测系统，在长三角地区有可靠的应用案例，多年来植物生长茂盛，系统运行稳定，整体质量得到保障。该技术具有成熟的前期栽培、现场施工和养护管理经验，便于组织实施和质量控制。

## 3.3.1.4　项目实施

根据项目内容，大致分为钢结构施工、灌溉施工、绿化施工和亮化施工。

### （1）钢结构施工

下部硬质边坡采用 VPM 种植框体技术，第一步要完成的就是基础钢结构的设计和施工。设计过程结合原有山体边坡的结构，底部采用每 2m 一个的点状基础，同时预埋连接件，上部采用横向拉杆连接到原边坡圈梁上，最后用混凝土浇筑成面。实际测量过程发现下部坡体是一个异型的面，水平方向不仅有很大弧度，还有高差，坡面后仰的角度还不一样，展开面是一个波浪状的扇形，给规整的框体结构造成了很大的施工难度。最后按每 6m 形成一个结构片，片与片之间形成的间隙用种植袋进行修补。钢构的基本单元为后场工厂加工，现场拼装施工注意横向间距的准确和焊接缝的处理。见图 3-94 和图 3-95。

图 3-94　上横梁水平测试

图 3-95　基础钢结构

图 3-96　不锈钢蓄水箱图

图 3-97　上部采用微喷头浇灌

（2）灌溉施工

根据市政可以提供的水源情况和项目实际对灌溉的需求，山体高度达 32m，浇灌面积上部 5000m²，下部 2000m²。设计了一个 35m³ 的不锈钢蓄水箱，上部采用微喷头浇灌，泵房用 80m 扬程水泵供水，采用变频控制下部压力控制在 5kg，分为 6 个控制区，轮流浇灌；下部采用滴灌，通常情况由市政管网直接供水，分为 12 个控制区，在停水或压力不够的情况下，用水箱水作为备用水源。上下两部分分别采用不同的远程控制设备，运用网络可以对浇灌进行开关控制或编制自动浇灌策略，也可以依据远传水表传回的数据进行分析判断从源头发现问题。灌溉分项的关键是设计的水力计算，保证各组的喷头和滴头有水流量和压力，施工按照规范做好冲洗管道和保护。见图 3-96~图 3-98。

（3）绿化施工

根据设计方案，上部采用定制六角形种植袋，下部采用 VPM 种植框，两种技术都是采用后场基地预培，苗木成活成型后再运输到现场安装的技术路线。

图 3-98　下部采用滴灌

图 3-99　孔洞清理　　　　　　　　　图 3-100　孔洞深度测量

图 3-101　上半部绿化现场安装

1）上半部绿化

①上部分六角型框格孔洞的清理步骤，见图 3-99 和图 3-100。

清理孔洞内的杂草、树根（尤其是荆棘的枝条和茅草的根）。

部分底部为石块的空隙的，对底部进行防基质流失处理。

回填基质到离外沿口为 10cm，并保持斜面平整。

一周后喷上消毒和除草剂，并用薄膜覆盖，对土壤进行消毒杀菌和防雨水基质流失。

②上部分六角型框格孔洞苗木的种植步骤，见图 3-101。

图 3-102　下半部绿化现场安装

根据现场空洞大小，定制六角型种植袋，具有生根孔，种植孔，把手，闭合拉链等。

定制加工固定网片和 L 形锚杆。

选择确定适宜的苗木种类，根据预培时间长短和工程要求选择植株的大小。

复配混合基质，具有一定的排水和蓄水能力，pH 值和营养成分满足所选植物的生长要求。

后场预培苗木：根据苗源情况，地栽苗，盆栽苗，原盆土壤类型等，采取不同的种植时处理方法和栽后管理措施。

短途运输：利用运输工具将栽植好的模块运输到项目现场。需要有快速、简便、安全的运输设备和方法。

现场安装：安全防护，垂直运输，安装到位。

2）下半部绿化

相对上部而言，下部的框体绿化有多次的施工经验，技术成熟，见图 3-102 和图 3-103 实施过程需要引起重视的几个问题是：

①基质配比：解决混合基质的水气比例，既要有一定的蓄水能力，又要

图 3-103　下半部绿化安装完成

保证有适宜的空气；考虑有机成分不能过多，以免基质分解下沉。框体种植要注意基质要一层层压实，防止边角松空。

②宜选择根系发达的容器苗为好，如果是园土种植的苗木要去除原土，尽量保留根系小心种植进种植框基质内，并及时浇透水。视天气适当遮阴养护3~5天，植物就可以恢复生长。

③悬挂安装框体过程要保护好已经调试运行正常的滴灌系统，不能损坏管道和滴头。每个框体的滴剑承插位置和滴剑角度要准确到位，防止浇灌不均匀。

④养护过程对需水量的控制，要先多后少，有一个逐步调整适应的过程。

（4）亮化施工

1）发光字部分

发光字位于坡顶，最佳视距位于100~200m以外，通过喷绘模拟最后确定字高6m，字宽4.5m。因发光字单字面积较大，考虑安全和耐久因素选择金属材质的镀锌板为字面材料并做红色喷塑处理，灯珠采用LED外露发光源穿孔安装，也方便日后的维护。考虑到项目地的台风较多，又靠近高速公路匝道，设计采用了混凝土加钢构的固定方式。见图3-104和图3-105。

2）LED灯带部分

项目的中下部采用了约3000多米的柔性LED光带，用于勾勒底部色块植物的轮廓和中部运用植物组合的嵊州山水诗话元素。见图3-106和图3-107。

图3-104　亮化字体安装　　　　图3-105　亮化字体安装完成

图 3-106　灯带支架安装　　　　　　　图 3-107　建成后夜景

3）泛光灯部分

为了避免夜晚在下部灯带和发光字亮后出现不平衡的感，在上部发光字的下方及两侧设计和布置了数十个泛光灯隐约照亮周边植物，星星点点与上下连成整体。

### 3.3.1.5　后期养护

（1）设备维护

1）灌溉设备定期检查控制程序，灌溉管网、喷头是否正常，注意灌溉水压变化，及时调整灌溉程序。

2）冬季要对管网进行防冻排空和采取保温措施。夏季要对管网的关键部位进行遮阳处理，防止高温导致爆管。

（2）植物养护

1）根据季节调整灌溉喷灌时间，炎热季节每天两次，寒冷季节 3~4 天一次，其他季节每天一次。

2）定期清理枯枝烂叶，及时对死亡苗木或失去景观效果的苗木进行更换。

3）根据生长情况和季节，分时段进行适量施肥，可通过灌溉系统水流添加也可采用叶面喷雾施肥，注意肥量控制。

4）病虫害的防治，在早春或生长季节进行药物喷施，以防为主防治结合。

### 3.3.1.6　小结

该项目为典型的边坡生态修复与城市景观相结合的案例，在设计和施工过程中，我们紧密结合生态和景观的各个要素、综合运用立体绿化的各项技术，从甲方的需求出发，拿出切实可行的解决方案。实施过程克服计划工期短、不利天气影响大等困难，有效组织了各项保障措施，顺利推进了各类原材料的采购和加工时间，使短时间内各类定制产品能顺利到达施工现场，保证施工进度。各分项工序的关键节点质量控制到位，最终使项目能如期保质完成。也为当今城市双修背景下的城市边坡生态修复提供了参考案例。

## 3.3.2 重庆长和路隧道口堡坎绿化

### 3.3.2.1 项目概况

长和路隧道下口堡坎绿化工程（含天桥）是 2019 年坡坎崖示范项目，实施范围为化龙桥至虎头岩方向的长和路隧道口右侧挡墙和路侧花台，面积约 2200m²。场地原始现状为灰色护壁堡坎，原花台内植物凌乱且残缺，缺乏色叶植物及有序配置。

### 3.3.2.2 项目设计

项目实施以实地条件为根基，采用软景设计以减少城市硬质"灰空间"为目的，打造坡坎崖立体绿化景观。通过在垂直堡坎上挂花箱种植三角梅的方式，用植物色彩来增加堡坎的色调，从而达到绿化美化的效果。同时，对原花台进行重建，合理配置植物，选择色叶植物使之与整体协调一致。

本项目采用边坡挡墙上附加种植槽绿化种植形式。种植槽深度不低于45cm，净宽度大于40cm，采用金属托架或锚杆固定在边坡挡墙上。先在种植槽底部铺设蓄排水层，在种植槽底部或侧部设有排水孔，再填充种植土。选择抗性较强的乡土植物，采用"乔+灌+藤"模式，且在植物配置中考虑四季交替开花，构建景观丰富、管护成本低的复合生态景观。项目植物应用情况，乔木：黄葛树，灌木：红花檵木，藤本：叶子花、爬山虎等 6 种。

### 3.3.2.3 结论或讨论

长和路隧道口堡坎绿化通过对隧道口两侧垂直立面堡坎布局错落有致的花箱，栽植叶子花、迎春等开花垂吊植物，让堡坎更加立体美观。如图 3-108 和图 3-109 所示。

经过精心"打磨"后，长和路隧道口堡坎已从昔日的城市"斑秃"短板，变身"城市阳台、绿毯"，成为一道靓丽的城市风景线，为市民增加了生态福利。

图 3-108　重庆渝中区长和路隧道口堡坎绿化施工前

### 3.3.3　重庆园博园裸露边坡植被恢复

#### 3.3.3.1　项目概况

本项目位于重庆市北部新区龙景湖片区核心区域，为 2011 年第八届中国（重庆）国际园林博览会举办地点，沿园区内道路两侧及隧道口，因道路及隧道施工形成了许多裸露的山坡边坡，严重影响了园区的优美自然景观，并形成了许多安全隐患，需进行安全支护并进行植被恢复。

拟进行植被恢复的边坡均为位置显著、面积较大、安全稳定性差且对景观影响较大，总面积约 20000m²，坡度裸露坡体主要为砂岩夹泥岩，部分为强风化岩，坡体上存在危岩

图 3-109　重庆渝中区长和路隧道口堡坎绿化效果

体，使这些边坡的局部呈不稳定状态，遇连续降雨后极易出现表面崩塌。

本方案综合裸露边坡的地质条件和景区的景观规划设计，在确保岩质边坡稳定的情况下，拟采用先进的坡体植被恢复与重建技术对整体坡面进行植被恢复，使恢复后的坡面与周围的自然景观融于一体。

### 3.3.3.2  项目设计

为保证植物的生长和边坡的稳定，裸露坡体的坡度不应大于65°（1∶0.5），否则应先进行削坡处理。此次拟进行植被恢复的试验段边坡，由于坡度小于65°（1∶0.5），而且坡体稳定性较好，可清坡后直接敷设金属网，然后进行高次团粒公司的 FSA 技术喷播绿化；坡顶有明显汇水点的坡面，为避免降雨形成的水头对坡体和土壤培养基的冲刷侵蚀，应根据现场实际情况，在坡顶修筑截水沟，将汇水有组织的引排至坡底。脚处修筑挡土墙，以防止落石滚落到路面，保障安全。喷播施工顺序为：

坡面清理→敷设金属网→高次团粒的 FSA 喷播

"坡面清理"：去除坡体表面的危石、浮石和树枝垃圾。

"敷设金属网"：用合适的锚固件将设计规格的金属网固定到边坡表面，这层金属网会在后续喷播形成的土壤培养基中起骨架作用。

"高次团粒的 FSA 喷播"：形成耐侵蚀能力强的土壤培养基，既能防止水土流失，又适合植物生长。

（1）高次团粒的 FSA 技术喷播绿化具体做法

针对各种岩石和土质边坡、瘠薄山地、酸碱性土壤、干旱地带、海岸堤坝等植物生长困难的地方，采用经特殊生产工艺制成的客土材料，加入植物的种子，并添加许多必要的其他材料，通过喷播、机械或人工作业的方式制成最适于植物生长的土壤培养基。这种"人工土壤"具有优良的团粒结构，既有保水性，又有透水性、透气性，适于植物生长，又能有效抵抗雨蚀和风蚀，防止水土流失。

（2）植物配置

高次团粒公司倡导始于种子的木本绿化，即"播种育林"。植物配置的乡土性和多样性，避免了外来物种对环境的破坏，同时由于人为地促进了自然演替过程，使木本植物群落的恒久生长成为可能，而且与周边的原有植被环境协调一致，有效保护生态环境。采用根系发达的木本植物（树木）护坡，护坡效果显著。

适合的植物配置是建制理想植物群落的重要保证。考虑重庆地区的气候特点和土壤特性，在植物配置方面遵循以下几个原则：

抗性强。抗旱性、抗病虫害、耐贫瘠等。

乡土树种。适合当地气候条件的根系发达的乡土树种。

使用部分先锋树种。使用几种豆科类植物，因豆科类植物的根部有根瘤菌，根瘤菌可固定空气中的氮气，在供给宿主植物营养的同时，肥沃土地。

根据以上原则，选定如下树种：

乔木类：刺槐、臭椿、盐肤木、苦楝、银荆；

灌木类：马棘、紫穗槐、荆条、车桑子、胡枝子；

草本类：黑麦草、狗牙根。

（3）使用主要材料情况

喷播的主要材料为：黏质土、有机质添加料、复合纤维料、土壤稳定剂、优粒剂、活性剂、植物种子、清水等。

### 3.3.3.3　结论与讨论

（1）追求边坡复绿的"树林化"效果，而非简单的"草本"绿化。

（2）倡导从"种子"开始的自然的育林方式，而非"植树"方式。

（3）通过制备具有优良的团粒结构的土壤培养基，主动防止水土流失并培育目标植被群落，而非使用胶粘剂、水泥、无纺布等材料和手段去被动应对。

（4）固土护坡能力强，提高边坡的安全性。

前期：喷播后形成的土壤培养基具有优良的、稳定的团粒结构，抵抗雨水冲刷能力优异，而非靠"覆盖物"和"草"去防止水土流失。

后期：形成根系发达的"自然"木本植物群落，还原生态环境，护坡效果显著。

（5）生态环保。在材料生产、施工和植物后期生长的各个环节，均无对环境和资源的二次破坏现象。注重可持续发展和资源的循环利用，施工后无需施肥洒药，所有选用的添加材料均应在1~5年内自然降解，降解前后不会对环境产生污染。

（6）后期的管理与养护费用较低。

（7）应用范围广泛，施工速度快，作业过程安全。

综上，本技术可以替代目前所有的液力喷播技术和客土喷播技术。

（8）边坡复绿的"树林化"效果显著，持久，具有可持续发展的特点。

一般半年内就能取得良好的植被恢复效果，两到三年内达到最佳，并能保持永久的植物自然演替功能，整个过程均无需人工干预，这就意味着创造了真正的自然环境。如图3-110和图3-111所示。

图 3-110 园博园喷播绿化（建设初）　　图 3-111 园博园喷播绿化（建设后）

### 3.3.4　重庆南城隧道北入口边坡绿化

#### 3.3.4.1　项目概况

项目位于重庆市南岸区南城隧道北入口，边坡为泥浆护壁，长 57.80m、主体高度 19.70m、最大跨度 18.00m，面积约 845.00m²。部分区域零星野生少量自生植物，视觉形象生硬而又单调。

#### 3.3.4.2　项目设计

该工程采用柔性种植毯铺贴立体绿化技术，集柔性种植毯、高强度膜、纳米海绵基层、轻型营养基质、立体绿化新优植物、自动化灌溉系统为一体，具有完善的排水、蓄水、阻根、抗风功能，且施工便捷、安全牢固、长效智能。

该工程设计以流动线条打造速度飘逸之感，符合快速通行车辆观赏视线感受，采用金边吊兰、红花檵木、鹅掌柴、南天竹、叶子花等观花、色叶植物，形成色彩对比强烈的彩带，强烈的色彩碰撞更充分刺激行人的视觉感受，是重庆建设"七大工程"之"城美山青"的具体实践。见图 3-112 和图 3-113。

图 3-112　南城隧道边坡绿化（建设初）　　　　图 3-113　南城隧道边坡绿化（建设后）

## 3.4　综合案例

### 3.4.1　成都天府新区独角兽岛启动区立体绿化

#### 3.4.1.1　项目概况

　　"独角兽岛"项目位于兴隆湖东侧，鹿溪智谷核心区，是独角兽企业孵化和培育为主的产业载体。其规划与建筑方案由国际顶尖的 Zaha Hadid 事务所进行设计。在方案上，扎哈哈迪德事务所强调绿色能源的使用，并结合海绵城市理念进行可持续设计：因此独角兽项目在其启动区的建设当中引入了垒土新材料作为其"绿色外衣"的基底，让绿色植物在其建筑上能够得到可持续的生长的空间。独角兽启动区用到了两种典型的垒土工艺：垒土垂直绿化工艺和垒土护坡工艺。主体建筑斜屋面"流水花园"采用垒土的垂直绿化工艺，以 10 种多肉植物拼花而成，共计约 800m$^2$；北侧高边坡在国内首次运用参数化设计，采用的是垒土护坡工艺实现多曲面叠浪艺术地形，呈现绿色叠浪堆坡。见图 3-114。

### 3.4.1.2　流水花园种植屋顶

（1）设计方案要求

独角兽岛的建筑单体
形态独特，形态犹如一朵
展开的睡莲，中心是雨水
花园，漏斗结构，可以很
好地用于收集雨水，起到
生态保护作用。建筑四周

图 3-114　独角兽岛启动区实景图

是具有流畅曲线的斜屋面"流水花园"，其打造的难点在于不仅要利用真实
的植物打造出这样富有顺畅、灵动的优美曲线的斜屋面，又要契合规划区
的整体理念——绿色环保，使植物长期稳定地在"建筑物"上生长。而如
何使植物在非常有限的土壤空间中持续生长是目前国内大多数立体绿化中
的一大难点。

最终设计方选用垒土新材料去实现建筑上的立体绿化——垒土新材料
的垂直绿化工艺：垒土板材薄并无容器载体的特质，使其能够将"土壤"
如同建筑外立面幕墙般附在附在建筑主体之上，让建筑实现绿化覆盖的同
时形态轻薄，无冗杂厚重之感，从而实现设计者的优美灵动的曲线感。并

且以垒土为基底的垂直绿
化，能够使植物如同在
地面中一般长期稳定的在
垒土板中生长，真正做到
"绿色材料"可持续发展。
如图 3-115 所示为独角兽
启动区主体建筑的实景图，
其斜屋面的立体绿化效果
甚至比效果图中的绿化效

图 3-115　独角兽岛建筑主体实景图

果更加轻盈灵动，曲线更加流畅。

（2）植物选择与种植设计

流水花园的屋顶种植选用了佛甲草、垂盆草、情人草、黄金万年草、
过路黄、绿叶景天等十多种低矮植物打造植物自然拼色的效果，仿佛给建
筑披上一件绿色外衣，展现一副生机盎然的景象（图 3-116）。

图 3-116　流水花园立体绿化效果图

（3）流水花园施工简介

打造斜屋面绿化采用垒土垂直绿化工艺。绿化面下采用镂空设计，垒土板材并不与建筑主体直接接触：1）首先搭设钢龙骨，焊接于建筑钢结构，钢龙骨采用镀锌材质，防水采用 12 厚 PVC 防水板，用密封胶填缝；2）而后铺设 50 厚的垒土板；3）再接智能灌溉系统，铺设滴灌；4）最后栽种植物材料：在种植斜屋面的最下端，留有一个 50 宽排水口，多余的水从排水口流出，通过建筑面的地漏排出。如图 3-117 所示。

图 3-117　流水花园垒土立体绿化施工图

### 3.4.1.3　艺术坡体地形绿化

#### （1）设计方案

独角兽岛启动区景观为戴水道 Ramboll 进行的方案设计，设计延续了独角兽岛荷塘的概念，场地塑造展现了风吹荷塘清风起涟漪的场景：运用建筑北侧高边坡采用参数化设计打造多曲面叠浪艺术地形，呈现绿色叠浪堆坡。

艺术地形堆坡要求整体自然、灵动，仿佛池中荡起的涟漪：其中堆坡角度非常大，部分角度接近 90°，因此普通的土壤堆坡或是传统的立体绿化完全无法达到设计的景观效果。唯有用垒土新材料的护坡工艺可以实现设计的要求，如图 3–118 所示，垒土打造的艺术堆坡整体一致，曲线流畅，达到了设计预期的艺术效果。

图 3–118　艺术地形实景效果图

#### （2）施工简介

独角兽岛艺术堆坡的斜面采用了垒土新材料的护坡工艺：1）首先在艺术堆坡的断面堆砌稳固的植生袋；2）其上用镀锌钢材搭建龙骨用于固定垒土板材，防水采用 12mm 厚 PVC 防水板；3）布垒土加滴灌，再加固垒土，铺设草皮：草皮选用的是西南地区常见的暖季型草坪：细叶结缕草。4）最后在堆坡斜面底部加排水槽，用于多余水的排放。该工艺需要注意的重点在于要做好堆坡内部的防水，防止雨水的渗入内部结构导致滑坡。

草皮的铺设：将草皮直接铺设在垒土板材上，用长木钉对每块草皮进行固定，待草皮根系长入垒土板中后用其根系自行固定，无比牢固。见图 3–119 和图 3–120。

### 3.4.1.4　小结

该项目中不管是流水花园绿化还是艺术堆坡绿化，垒土都完美地达到了设计方的艺术要求，解决了植物造景中的难点。另外不管是景天科的植物，还是暖季型草坪在垒土板中都有较好的持续性的表现：项目建造于

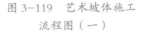

图 3-119　艺术坡体施工　　　　图 3-120　艺术坡体施工
流程图（一）　　　　　　　　流程图（二）

2019 年 12 月，距今为止已有 4 年的时间，而现场的植物效果依然如初，植物生长良好，整体效果美观。

## 3.4.2　山东日照丁肇中科技馆立体绿化

### 3.4.2.1　项目概况

日照市科技馆位于日照城市中央活力区的核心片区，占地 10.67 万 $m^2$，建筑面积 2 万 $m^2$。由中国工程院院士崔愷领衔设计，建筑造型意向上表达了诺贝尔物理学奖获得者丁肇中教授探索宇宙本源的"阿尔法磁谱仪"概念，是目前全国面积最大的双曲面木纹清水混凝土单体建筑。建筑与景观整体呈向上螺旋状，设计有大面积的斜坡屋顶，全部采用垒土技术进行屋顶绿化。屋顶面积约 10000$m^2$，栽植整齐划一的草坪。见图 3-121。

图 3-121　丁肇中科技馆实景效果图

### 3.4.2.2 项目设计

#### （1）设计方案要求

科技馆项目全部屋顶绿化为斜坡绿化，游客可从远处直接观赏到绿化美景。结合科技馆的建筑外形，更有绿色生态科技感。设计要求景观效果好、生态效益佳、低维护并且方便施工、尽量缩短周期。见图 3-122。

图 3-122　科技馆设计效果图

#### （2）项目难点

日照科技馆项目为地上 1 层、地下 2 层结构，整个场馆采用清水混凝土工艺。其中屋顶全部绿化。项目屋顶坡度较大，较陡处约 45°，人员站立都较困难，造型复杂，屋顶绿化难度较高。

日照科技文化中心总建筑面积约 45.2 万 $m^2$，其中屋顶全部为坡体绿化，绿化面积居全国首位。部分坡度达到 40°，施工难度较大。

#### （3）植物选择

1）混播草皮：绿化效果好，养护要求高。草皮铺设方便，成型效果快。采用混播草皮卷，可保证四季常绿。如混播百慕大、早熟禾、果岭草等。

2）麦冬：多年生常绿草本植物。耐寒耐旱，生长稳定，可保持多年常绿，不会有换季变黄现象。养护简单，后期不用经常修剪，生长稳定。

3）灌木类：主要种类为金森女贞、大叶黄杨、金边黄杨。

项目选用的的植物采用混播草皮卷，可保证四季常绿。如混播百慕大、早熟禾、果岭草等；麦冬以及金森女贞、大叶黄杨、金边黄杨等灌木。不管是地被还是灌木均可在垒土板中健康生长。

### 3.4.2.3 项目施工

#### （1）施工方案

使用垒土斜屋顶绿化方法分层进行铺设，自下而上依次为：原建筑层—防水层—阻根层—专用粘结剂粘合—轻型固化基质—植物层。

（2）施工流程

垒土屋顶施工快捷，与其他工序相互影响交叉面小，在屋顶防水保护层施工完后，即可快速施工，可大大加快屋顶绿化的速度，缩短工期，减少人工成本。施工流程为：挡土条铺设—垒土板铺装—灌溉管道铺设—草皮铺设与灌木种植。见图3-123。

图 3-123　垒土坡屋面施工流程

### 3.4.2.4　案例小结

在本项目中，垒土大面积应用于大坡度斜屋顶：垒土很好地解决了大坡度屋顶绿化中种植土滑移流失的问题，并且保证了植物生长状况，取得了良好的景观效果；另外施工工序简洁，大大缩短了项目工期：该项目开始于 2019 年 9 月，仅 3 个月便出色地完成任务，缩短预定工期，降低成本，赢得业主的认可。见图3-124。

图 3-124　竣工实景图

# 第 4 章

# 绿色空间竖向拓展发展建议与展望

# 4.1 国内外技术对比

## 4.1.1 国外技术特征

### 4.1.1.1 国外主要国家立体绿化发展状况

欧洲立体绿化起源于德国和瑞士。自 1982 年以来，德国立体绿化工业的增长维持年均 15%~20% 的速率，自 2010 年起，德国每年立体绿化增长总量为 500 万 $m^2$/ 年；意大利为 100 万 $m^2$/ 年。由北美立体绿化协会（GRHC）提供的一份 2004~2012 年北美立体绿化发展速度显示：北美 2012 年全年立体绿化建造面积接近 180 万 $m^2$，突然增速出现在 2011 年。2012 年北美立体绿化前 20 名排名显示：华盛顿已经超过芝加哥成为北美立体绿化的领跑者，2012 年全年立体绿化新增面积超过 11 万 $m^2$。北美排前三名的依次是：华盛顿、芝加哥和纽约。

### 4.1.1.2 国外主要国家立体绿化技术特征

经过长期的发展和实践，从设计理念到材料技术，已经进入了一个相当成熟的阶段。近些年在欧洲，人们愈发意识到立体绿化所带来的重要生态作用，政府也制定了相应的鼓励政策。从技术角度总结有以下三方面：

（1）荷载要求：简单式立体绿化适用于建筑荷载较小的钢结构屋面；简单式立体绿化荷载要求 0.7~3.0kN/$m^2$，容器式立体绿化尚不统计在简单式立体绿化之内。花园式立体绿化适用于建筑荷载较大的混凝土结构屋面；花园式立体绿化荷载要求 6.0~12kN/$m^2$，这两个荷载数值均达与国内相关标准。

（2）防水材料：简单式立体绿化多采用 TPO 或 PVC；花园式立体绿化多采用 SBS 改性沥青防水卷材为主。无论简单式或花园式立体绿化，均需铺设耐根穿刺防水层。且以两层 SBS 改性沥青防水材料为主导产品，下层为普通 SBS 改性沥青防水卷材，上层为耐根穿刺 SBS 改性沥青防水卷材。

（3）覆土厚度：简单式立体绿化覆土厚度 7~20cm（以 7~8cm 居多）；

花园式立体绿化覆土厚度 30~100cm，种植土为火山石或火山岩。

1997 年开始，新加坡立体绿化才有政府项目，主要是架空的立体停车场顶部，进入 21 世纪新加坡强制推行了"空中绿化"，使其从"花园城市"转变为"花园中的城市""平面花园"转变为"立体花园"，成为区域城市中的"空中绿化"典范。

新加坡立体绿化构造层与国内相仿，不同之处在于：a. 排水板为高强度的 PP 材料结构单元，其厚度可根据需要叠加使用，非常便利。表层覆盖及植被种植混合土粗砂过滤布排水板防水、防根、防腐 PVC 屋面基层。b. 过滤布和种植土层之间附加 20~30mm 厚粗砂，既有利于排水，亦可保护过滤布，防止土壤浸透。

从技术标准发展上来看，德国 FLL 景观开发与研究协会编制的《立体绿化的设计、安装及维护指南》最新版 2008 年，是目前全世界最权威的立体绿化技术规范产品标准，该标准在欧洲基本通用，在北美也作为主要的参考依据。

2000 年欧盟防水卷材技术委员会 CEN/TC254 起草了《沥青、塑料、橡胶屋面防水卷材抗植物根、穿刺能力的测定方法》欧洲标准草案 prEN13948：2006（D）。草案包括范围、规范性引用文件、术语和定义、简要说明实验方法、实验设备、取样和生产商提供的用于实验材料的植物、实验条件、分析结果、精确度、检验报告十个部分，该草案对如何开展立体绿化用防水材料、耐穿刺检验做了较为详尽的规定。

美国材料检验协会成立的"立体绿化技术标准研究小组"制定并通过的技术规范。E2396）05 基质颗粒试验标准、E2397）05 荷载检测标准、E2398）05 排水层试验标准、E2399）05 基质密度检验标准、E2400）06 安装和维护指南、WK14383 立体绿化系统指南、这套标准主要是检验标准，缺乏产品标准，因此，在美国多用德国的标准作为产品标准，而用 ASTM 标准作为检验标准。

# 4.1.2　国内技术特征

## 4.1.2.1　国内立体绿化发展状况

国内立体绿化起步较晚，但发展较为迅速。20 世纪六七十年代，广州、成都、重庆、北京、上海等城市率先开展了立体绿化实践，并主要在涉外饭店等公共建筑开始建造屋面花园。例如，广州的白天鹅宾馆（1978 年建成）；北京的长城饭店（1984 年建成）、首都大酒店（1989 年建成）、长富宫饭店等。以北京为例，从 1984~2004 年，民间自发建设完成的建筑屋面花园总量约为 60 万 m²。立体绿化在国内有一定的市场需求和发展前景。以北京市为例，自 2005 年北京市政府率先积极推广立体绿化，截至 2015 年底，共完成全国政协、公安部、国家体育总局、红桥市场、北大口腔医院等立体绿化工程，总计约为 150 万 m²，政府资金投入超过 1.23 亿元。

## 4.1.2.2 国内立体绿化技术特征

从技术角度分析，国内立体绿化主要技术包括以下几部分：

（1）荷载要求。相对于国外发达国家，我国立体绿化荷载要求较为严格，行业标准规范规定，简单式和花园式立体绿化荷载分别为 1.0kN/m² 和 3.0kN/m²。这由国内不同地域气候、建筑形式、相关材料和工艺措施决定的。

（2）防水工程。防水工程是实现立体绿化的重要基础。按照《种植屋面工程技术规程》JGJ 155 的规定，必须满足一级防水的要求，防水材料必须采用一道耐根穿刺防水材料，立体绿化前，在原屋面基础上应进行二次防水处理。

耐根穿刺防水材料是指具有抑制根系进一步向防水层生长，避免破坏防水层的一种高效防水材料，立体绿化系统中的植物根系具有极强的穿透性，若防水材料选用不当，将会被植物根茎穿透，造成建筑物渗漏。而且，发生渗漏时，很难确定防水材料被破坏的准确位置，因此，翻修工作量大，经济损失较大。此外，若植物的根系扎入屋面结构层（如电梯井、通风口、女儿墙等），在一定程度上危及建筑物的使用安全。国内在 2000 年以前尚无立体绿化用耐根穿刺防水材料的概念，亦无相应的检测机构，更无通过境外检测的国内耐根穿刺防水产品。此规程的出台推进了国内耐根穿刺防水材料的研发和检测工作的迅速开展。

（3）排蓄水系统。排蓄水系统是实现立体绿化的重要保障。在屋面干旱暴晒环境下，立体绿化必须采用自身荷重较轻，具有排蓄水功能的排水材料来满足屋面正常的排水功能。

（4）种植基质。种植基质是立体绿化绿化植物生长赖以生存的重要条件，必须按照立体绿化类型、使用功能、项目投资、环境条件等综合要求，采用有机基质或无机基质或材料，其中，无机基质因其具有容重较轻，材料性能稳定，无病虫害污染，不破坏自然环境等特点，在今后的立体绿化中将占主导地位。

（5）植物种植。植物是立体绿化最终体现生态效益和景观效果的重要载体，屋顶绿化必须以植物造景为主，应依据植物生理学、气象学，景观学，建筑功能需求，后期养护条件等进行科学的植物配置。

（6）灌溉设施。灌溉设施是种植屋面养护管理的重要保障。宜根据场地条件选择微喷、滴灌、渗灌等灌溉系统。

从技术标准发展上来看，国内各大城市已陆续发布立体绿化相关标准规范，包含相关产品的国家标准、行业标准以及各个地方标准，如行业标准《立体绿化工程技术规程》、地方标准《立体绿化规范》《上海市立体绿化技术规范》《成都市立体绿化及垂直绿化技术导则》《福建省实施城市立体绿化暂行办法》、深圳市农业地方标准《立体绿化设计规范》《昆明城市立体绿化技术规范》《山东省立体绿化技术规程》等。

相关标准规法的出台对于进一步规范立体绿化建设，提升立体绿化建设管理水平具有十分重要的作用，将为立体绿化行业健康有序、科学发展提供技术支持，对改善城市中心面貌，缓解城市热岛，提高生态环境效益起到积极促进作用。

# 4.2　现存问题、发展建议与展望

## 4.2.1　立体绿化现存问题

### 4.2.1.1　总体规划和发展目标不明确

近年来提出的"城市双修明确提到"中提到，"将城市第五立面整治与城市修补、生态修复相结合，通过建筑屋顶绿化美化与有序整理、城市立体绿化补充与修饰等手段，全面提升第五立面整体品质。"但我国大部分城市总体景观规划中缺乏立体绿化的总体规划，因此应加大绿化建设力度，构建绿色空间体系，推动生态环境示范区建设中需要明确立体绿化的空间范围，进行集中连片集群式开展绿化建设，形成俯视第一印象。局部形成小环境小气候，改善周边生态效益、提高社会和经济效益，从而提高城市发展的宜居性，对城市空间绿化体系进行有效补充。

## 4.2.1.2　相关技术的特殊性

竖向空间拓展的绿化工程，从大量工程调研来看，其主要技术构成包含了建筑结构、屋面防水技术、排蓄水系统、种植基质材料技术、植物配置、固定技术、灌溉技术、种植养护技术等在内的技术综合体，需要多学科、多专业之间的协调配合才能实现。屋顶和垂直绿化以建筑为载体，其设计构思、植物选择、小品布局和施工技术受到建筑防水、建筑荷载等因素的局限，因此，必须以科学性为主，艺术性为辅，处理好园林造景和建筑结构之间的关系，植物选择必须精细，对于施工质量要求更高。特别是对于，顶荷载安全，应特别关注以下几点：

（1）花园式屋顶绿化若采用乔木、园亭、花架、山石等较重物体，应设计在建筑承重墙、柱、梁的位置，这样既能够有效分担建筑屋面荷载，可以防止屋面局部重量过大而变形、防水层开裂以致屋面漏水等，还能在一定程度上保证屋顶花园安全性。

（2）既有建筑进行花园式屋顶绿化并设置园林小品，应在园林规划设计中详细分析屋面自身荷载强度大小，承重墙、梁、柱的位置，以及精确计算设计后各部分构造层增加的平均荷载量，以解决屋顶绿化荷载问题。

（3）屋顶绿化荷重不可能一成不变，必须注意树木生长逐年增加的荷载和瞬时集中降雨排水不畅的荷载。屋顶栽植树木时其荷重应按照生长10年以后的荷重计算；屋顶瞬时集中降雨若排水不畅，会导致屋面蓄存水过大，加重建筑荷载负担并危及建筑安全。因此，屋顶绿化排水比蓄水更重要，必须设置排水观察井，及时观察并清理杂物。

（4）屋顶绿化要重视结构安全

不同种植基质因其导热系数差异较大，会对建筑侧立面墙或女儿墙产生侧面应力，造成结构安全隐患。因此，屋顶绿化种植区与建筑侧立面墙或女儿墙之间应留出一定的缓冲区，作陶粒填充或硬质铺装处理；屋顶绿化在基质厚度允许的情况下（乔木 80cm 左右，灌木 40cm 左右，草坪、地被 25cm 左右），植物种类只要掌握适地适树的原则，基本上能满足植物在屋顶的生长要求，对屋顶结构安全不构成威胁。

### 4.2.1.3　屋顶节能及低荷载技术

对于立体绿化特别是屋顶绿化，在北方城市还有不同的看法，首先就是节水问题，屋顶绿化所带来的生态效益是否能抵消或大于用水及养护方面的投入，目前还缺少量化指标，需要更进一步的研究。因此，如何利用建筑屋面大力提倡屋顶绿化和节能技术，进一步研究和推广屋顶雨水利用技术和开发屋顶绿化灌溉技术，对于有效利用自然资源，节约能源意义重大。

### 4.2.1.4　可持续发展政策不配套

目前技术方面已经不是制约绿色空间竖向拓展发展的难题，而是难在资金、政策和人们的绿化参与意识上。当前出台相关政策虽有强制措施和鼓励措施，但强制力、执行力不够。当前大规模生态建设和发展，也未包含有此类绿化的内容。

## 4.2.2　发展建议与展望

### 4.2.2.1　因地制宜，统筹规划

以国内目前现状来看，立体绿化形式均已点状零星分布，分布零散不均，缺少整体优势，未形成集中连片的整体效果，因此对缓解城市热岛，及发挥生态优势方面作用极其有限，屋顶绿化、垂直绿化、边坡绿化未来一段时间有一定发展优势。结合城市第五立面综合整治，进一步梳理城市可实施绿化的载体，分区分类建立台账，突出老城、重点视廊区域及副中心区域，以及集中连片的建筑屋顶，制定专项规划及未来一个时期建设计划。

### 4.2.2.2　优化布局，集约发展

绿色空间拓展是城市多元绿化中的重要结构和方式。作为城市常规绿化的重要补充，更重要的是体现生态效益，其次考虑园林造景因素。随着

技术的不断成熟和发展，建设成本的逐渐降低，绿色空间拓展绿化将成为城市未来生态效益较大、改善城市中心区热岛效应、治理生态环境、美化空中景观的最行之有效的工作项目之一，对改善城市生态环境和提升整体形象将起着重要的辅助作用。

### 4.2.2.3　典型示范，放大效应

充分利用科研技术领先和人才队伍优势，打造典型平台，放大示范效应，在重要地区，重点地段打造一批低碳节能、环保高效、生态集约的多维绿色空间绿化样板工程，发挥示范引领作用。

### 4.2.2.4　规范产业，绿色发展

目前多维绿色空间构建技术研究尚处在进一步完善的阶段，技术上还有一些有待于解决的问题，例如新技术新材料的进一步探索。相关材料缺乏链接。例如屋顶绿化中耐根穿刺防水材料、蓄排水材料、种植基质等都尚未形成产业化，或依赖进口，价格昂贵。一些相关材料的检测标准尚未明确，没有统一的国家或地方行业标准。

### 4.2.2.5　强化设计、施工技术要求

从调查的实际工程来看，施工队伍素质参差不齐，施工不规范，由此给绿化带来一些负面影响。虽然发布了行业标准《垂直绿化工程技术规程》CJJ/T 236—2015、《北方地区裸露边坡植被恢复技术规范》LY/T 2771—2016、北京市地方标准《屋顶绿化规范》DB11/T 281—2015，用于指导绿化的建设。但施工技术和规范对于众多绿化施工队伍来说还是全新的，需要一个消纳吸收的过程。因此在绿化施工调查中仍然发现存在一些问题。例如对屋顶防水层保护不善而留下漏水隐患；绿地排水系统在施工过程中保护不利，造成排水不畅；屋顶水落口处置不当，影响正常使用；屋顶铺装伸缩缝和通风系统处理不善，影响屋顶保温效果；屋顶施工安全未受到特别重视等。

### 4.2.2.6　增加投入，广泛宣传

绿色空间拓展绿化成本与地面普通绿化相比成本相对较高，特别是单方造价较高。据不完全统计，目前实施屋顶绿化的建筑大多集中在绿化条

件好，后期养护技术到位，有一定经济基础的相关单位或企业。因此应进一步加大资金投入，努力拓展城市空间立体绿化。广泛宣传和普及绿化美化环境、治理生态、净化空气等作用，深入宣传理念，不断增强各级领导和全民绿化意识，并付之行动。通过各级政府和全社会的不懈努力与奋斗更好地融入我们的生活空间里来，成为一种时尚，为进一步改善城市生态环境做出更大贡献。

**图书在版编目（CIP）数据**

公园城市导向下的绿色空间竖向拓展 / 韩丽莉，王
香春主编 . —北京：中国城市出版社，2024.1
（新时代公园城市建设探索与实践系列丛书）
ISBN 978-7-5074-3668-6

Ⅰ.①公… Ⅱ.①韩…②王… Ⅲ.①城市建设—研
究—中国 Ⅳ.① F299.21

中国国家版本馆 CIP 数据核字（2024）第 004764 号

本书介绍了绿色空间竖向拓展的概述以及国内外相关政策，绿色空间竖向拓展中屋顶绿化、垂直绿化和边坡绿化以及绿色空间竖向拓展中实践案例，同时作了发展建议和展望。

本书对于从事城市管理、风景园林与景观规划设计以及相关专业的决策者和技术人员具有重要的学习与参考价值。

丛书策划：李　杰　王香春
责任编辑：赵云波
书籍设计：张悟静
责任校对：芦欣甜


新时代公园城市建设探索与实践系列丛书
公园城市导向下的绿色空间竖向拓展
韩丽莉　王香春　主编
＊
中国城市出版社出版、发行（北京海淀三里河路 9 号）
各地新华书店、建筑书店经销
北京雅盈中佳图文设计公司制版
建工社（河北）印刷有限公司印刷
＊
开本：787 毫米 ×1092 毫米　1/16　印张：12$\frac{1}{4}$　字数：206 千字
2024 年 3 月第一版　2024 年 3 月第一次印刷
定价：115.00 元
ISBN 978-7-5074-3668-6
　　　（904679）